개념어로 말해봐

(정치·경제)

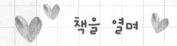

지식의 열매를 맺게 하는 개념어

자기가 읽은 책의 내용을 제대로 이해하려면 개념어의 의미를 알아야 합니다. 학교에서 우등생이 되려고 해도 마찬가지지요. 교과서에 나오는 개념어의 의미를 깨달아야 학업 능력이 높아지니까요. 요즘 들어 '문해력'이라는 말을 자주 듣게 됩니다. 단순히 글을 읽는 것에 그치지 않고 단어와 문장, 나아가 글 전체의 내용을 정확히 이해하는 능력을 가리키는 용어지요. 매일 접하는 정보의 양이 많아질수록 그 속뜻을 헤아릴 줄 아는 문해력이 뛰어나야 교양인이라고 할 만합니다. 그 첫걸음 역시 개념어 공부지요.

개념어는 '생각씨앗'이라고 할 수 있습니다. 그러니까 개념어가 생각의 싹을 틔우고, 생각을 무럭무럭 자라나게 하는 시작점이라는 말이지요. 생각의 씨앗이 튼실하지 않으면 이해력뿐만 아니라 상상력도 좋아지기 어렵습니다. 개념어를 폭넓게, 깊이 있게 익혀둬야 지식의 열매를 풍성하게 맺을 수 있습니다.

우리는 하루에도 숱한 개념어와 마주합니다. 학교 수업을 비롯해 뉴스를 듣거나 인터넷 검색 등을 똑바로 활용하려면 더욱 적극적으로 개념어의 세계에 발을 들여놓아야 합니다. 또 나중에 여러분이 중고등학교에 진학하면 지금 공부하는 여러 개념어가 학습 활동의 단단한 기초가 될 것이 틀림없습니다.

이 책 『개념어로 말해봐』 시리즈는 모두 5권으로 구성했습니다. 1권 정치 · 경제, 2권 사회 · 세계, 3권 문화 · 철학, 4권 과학 · 지리, 5권 역사 · 상식으로 분류했지요. 그리고 개별 항목마다 32가지 개념어를 다루어, 각 권에 64가지 개념어를 설명해놓았습니다. 5권을 더하면 개념어의 수가 총 320가지에 이르지요. 현대 사회는 워낙 다양한 정보가 넘쳐납니다. 하루가 멀다 하고 새로운 개념어가 생겨나기도 하지요. 그러므로 이 책에서 다룬 320가지 개념어부터 확실히 알아두면 앞으로 여러분이 독서하고, 토론하고, 공부하는 데 훌륭한 길잡이가 될 것이라고 믿습니다.

*1권에서는 [정치]와 [경제] 관련 개념어를 알아봅니다. 민주 사회의 시민으로, 자본주의 국가의 구성원으로 살아가려면 반드시 공부해둬야 할 내용입니다.

 생각씨앗을 전하며,
콘텐츠랩

[정치] 관련 개념어

책을 열며

[경제] 관련 개념어

1

우등생이 공부하는
32가지 생각 씨앗

[정치]

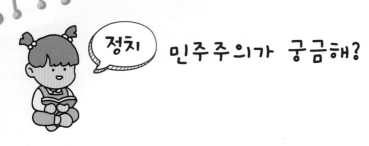

정치 민주주의가 궁금해?

국가의 주인은 국민이야

국가가 나아갈 바를 결정하는 최고의 권력을 '주권'이라고 합니다. 그 주권이 국민에게 있는 정치 제도를 '민주주의'라고 하지요. 그러니까 국민을 위한 정치가 이루어지는 나라를 민주주의 국가라고 하는 것입니다.

민주주의 국가의 국민은 모두 평등하게 법의 보호를 받습니다. 자신의 생각을 자유롭게 표현하며 행동에 아무런 제약을 받지 않지요. 그것이 사회의 질서를 깨뜨리거나, 다른 사람의 삶을 방해하지 않는다면 말이에요. 또한 민주주의 국가에서는 공무원과 정치인이 하는 일을 자유롭게 비판할 수 있습니다. 누구나 선거에 참여해 평화적인 방법으로 대통령과 국회의원을 바꿀 수도 있지요.

한마디로 민주주의는 국민이 국가의 주인으로 대접받는 훌륭한 정치 제도입니다. 독재자나 몇몇 권력자들이 자기 맘대로 나랏일을 결정한다면 절대 민주주의 국가로 인정받지 못합니다.

한 걸음 더 (1) 관용과 비판과 타협

 민주주의가 뿌리내린 사회는 '관용'과 '비판'과 '타협'의 생활방식을 중요하게 생각합니다. 관용은 다른 사람들을 폭넓게 이해해 다양성을 존중하는 태도이고, 비판은 누구든 자유롭게 우리 사회의 잘잘못을 따져 공동체가 발전하도록 이끄는 것이지요. 그리고 타협은 서로의 의견을 적절히 양보하고 조율해 사회 문제를 긍정적으로 해결하려는 자세입니다.

한 걸음 더 (2) 직접민주주의와 간접민주주의

 국민이 직접 나랏일에 참여하는 것을 '직접민주주의'라고 합니다. 하지만 국가가 수많은 일을 해나가면서 일일이 국민의 의견을 묻기는 어렵지요. 그와 같은 어려움 때문에 등장한 것이 '간접민주주의'입니다. 예를 들어 국회의원을 국민의 대표로 뽑아 정치를 맡기는 식이지요. 그것은 결국 국민이 직접 정치에 참여하는 효과를 나타내게 됩니다.

나의 생각메모

정치가 궁금해?

국민의 행복한 삶을 위하여

100명의 사람들이 모여 사는 마을이 있다고 상상해 봐요. 그들은 저마다 하는 일과 생각이 다르지만 별다른 갈등 없이 평화로운 삶을 살아가지요. 이따금 다툼이 벌어지는 해도 그 마을에 오랫동안 이어져 내려온 도덕과 관습으로 충분히 해결할 수 있습니다. 여기서 관습이란, 그 사람들이 대대로 지켜오며 옳다고 믿는 생활 방식을 가리키지요.

하지만 1,000만 명의 국민이 모여 사는 국가는 다릅니다. 사람들이 워낙 많다 보니 서로의 이익을 좇는 다툼이 하루도 끊이지 않지요. 옛날 같으면 도덕과 관습에 따라 서로 이해하며 양보할 일이 심각한 충돌을 일으키기도 합니다.

그래서 등장하는 것이 다름 아닌 '정치'입니다. 정치는 법률을 바탕으로 정당한 권력을 행사해 국가의 질서를 바로잡지요. 그 결과 나라 안으로는 최대한 많은 국민이 행복한 삶을 살게 하고, 나라 밖으로는 치열한 경쟁 속에서 국가의 안전과 발전을 지켜냅니다.

한 걸음 더 (1) 정치에 참여하는 방법

 모든 사람이 직접 정치인이 되어야만 정치에 참여할 수 있는 것은 아닙니다. 법이 정한 나이가 되어 선거, 그러니까 투표를 하는 것도 의미 있는 정치 참여지요. 그 밖에 시민단체에 가입하거나 언론 활동을 하는 것 역시 정치 참여입니다. 어린이 들이 학급회의를 통해 학교 일에 의견을 내는 것도 정치 참여의 시작이라고 할 만합니다.

한 걸음 더 (2) 몇 살부터 선거할 수 있을까?

 국민이 정치에 참여하는 가장 대표적인 방법은 선거입니다. 국민 스스로 선거를 통해 나라의 정치적 운명을 결정하지요. 현재 우리나라는 만 18세부터 선거권을 인정하고 있습니다. 대한민국 정부가 수립된 1948년 만 21세를 시작으로 1960년 만 20세, 2005년 만 19세, 2019년 만 18세로 점점 낮아졌지요. 미국, 영국, 독일, 프랑스, 일본, 호주 등이 우리나라처럼 18세부터 선거권을 행사합니다.

나의 생각메모

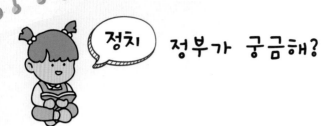

정부가 궁금해?

일 잘하는 정부가 필요해

'정부'는 법률에 따라 나라 살림을 책임지고 해나가는 국가 기관을 의미합니다. 한 국가가 효율적으로 나랏일을 해나가려면 정부가 꼭 필요하지요.

우리나라 정부의 경우, 대통령과 국무총리를 비롯해 여러 장관들이 각 부처를 이끌고 있습니다. 예를 들어 기획재정부 장관은 공무원들과 함께 나라의 경제 정책을 결정합니다. 외교부에서는 세계 각국과 협력해 이런저런 갈등을 조정하지요. 보건복지부에서는 국민의 삶의 질을 높이기 위해 노력하며, 통일부에서는 남북의 평화 정착과 통일을 위해 많은 일을 합니다.

정부는 한 국가의 미래에 아주 큰 영향을 끼칩니다. 정부의 최고 책임자인 대통령과 공무원들의 능력이 부족하면 나라의 앞날이 어두울 수밖에 없지요. 그와 반대로 대통령과 공무원들이 훌륭한 리더십을 발휘하면 나라가 발전을 이루게 됩니다. 특히 오늘날에는 국가 안보와 경제 성장, 사회 복지 등 여러 문제에 정부의 역할이 매우 중요합니다.

한 걸음 더 (1)   국무회의를 한다고?

'국무회의'란 '나라의 업무를 함께 모여 의논하는 것'입니다. 대통령이 의장, 국무총리가 부의장을 맡고 15~30명의 국무위원이 참석해 나랏일을 상의하지요. 국무위원에는 각 부처 장관을 중심으로 대통령비서실장이나 국가안보실장 등이 포함될 수 있습니다. 국무회의는 정부 부처 사이에 협력을 꾀하고, 대통령의 정책 결정에 도움을 주는 것이 주요 목적입니다.

한 걸음 더 (2)   정부의 다른 이름 행정부

넓은 의미의 정부는 입법, 사법, 행정에 관한 통치 기구를 통틀어 일컫습니다. 하지만 이번 글에서 설명한 정부는 그 가운데 행정을 맡아보는 국가 기관만 구별해 가리키지요. 그와 같은 경우 대통령과 국무총리를 비롯해 여러 장관들이 이끄는 각 부처를 정부 대신 '행정부'라고 부르기도 합니다. 이를테면 기획재정부, 교육부, 외교부, 국방부, 보건복지부 같은 것을 말하지요.

나의 생각메모

○ ---

○ ---

○ ---

○ ---

정치 국회가 궁금해?

국회의원의 역할은 정말 중요해

'국회'는 국민의 대표로 뽑힌 국회의원들로 구성된 국가 기관을 일컫습니다. 우리나라의 국회의원 선거는 4년마다 치러집니다. 지난 21대 국회에는 모두 300명의 국회의원이 모여 많은 일을 했지요. 앞으로 국회의원 수는 달라질 수 있습니다.

국회가 하는 일은 크게 세 가지입니다. 첫째, 국회는 법을 만들지요. 기존에 있던 법을 고치거나 없애기도 합니다.

둘째, 나라의 예산을 심사하고 결정합니다. 정부가 꼭 필요한 곳에 세금을 쓰는지 따져보며, 예산을 줄이거나 늘리지요. 우리나라의 한 해 예산은 500조 원이 훌쩍 넘는 엄청난 금액인데, 국민이 내는 세금을 낭비하지 않으려면 그 돈을 효율적으로 사용해야 합니다.

셋째, 국회는 정부가 하는 일을 꼼꼼히 살펴 감시하고 견제합니다. 해마다 정해진 기간에 공무원들을 국회로 불러 궁금한 점을 묻고 답변을 듣지요. 그런 일을 가리켜 '국정감사'라고 합니다.

한 걸음 더 (1) 법을 만드니까 입법부

 국회는 법을 만드는 입법 기관입니다. 따라서 국회를 가리켜 '입법부'라고도 하지요. 입법은 한자어인데 '설 립(立)'에 '법 법(法)' 자를 써서 '법률을 만든다.'라는 의미입니다. 국회의 또 다른 명칭으로는 '의회'도 있습니다. 참고로, 국회가 활동하는 건물을 가리켜 '국회의사당'이라고 하지요. 그곳은 민주주의 국가를 상징하는 건축물 중 하나입니다.

한 걸음 더 (2) 국회의원의 의무와 특권

 국회의원은 국민의 대표로 일하는 만큼 남다른 도덕성을 가져야 합니다. 국회의원이라는 지위를 함부로 이용하면 안 되지요. 개인의 이익보다 국가의 이익을 우선시해야 하고, 법과 양심에 따라 행동해야 합니다. 그리고 또 하나, 국민을 제대로 대표하기 위해 임기 동안에는 다른 직업을 가질 수 없지요. 그 대신 국회의원은 국회에서 한 말과 결정 등에 대해 법적 책임을 지지 않는 '면책 특권'을 갖습니다.

나의 생각메모

○ --

○ --

○ --

○ --

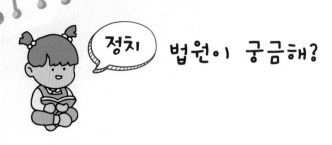

법원이 궁금해?

법대로 하면 되지

대한민국은 법치주의 국가입니다. 이 말은 법률에 따른 판단으로 나라를 다스린다는 뜻이지요. 그처럼 법으로 판단하고 심판하는 것을 '사법'이라고 하는데, 그 일을 맡아보는 국가 기관이 다름 아닌 '법원'입니다. 법원을 일컬어 '사법부'라고 하는 까닭이 여기에 있지요.

사법부는 주로 입법부(국회)·행정부(정부)와 함께 이야기됩니다. 입법부가 법을 만들고 행정부가 법에 따라 나랏일을 한다면, 사법부는 재판을 담당해 옳고 그름을 따지지요. 즉 사람들 사이의 다툼이나 범죄, 잘못된 행정으로 입은 피해 등을 법원이 심사해 판결을 내리는 것입니다. 법원의 판결은 절대적인 권위를 가져 누구도 무시할 수 없지요.

우리나라는 한 사건에 대해 법원에서 3번까지 재판받을 수 있는 '3심제'를 실시하고 있습니다. 가장 먼저 지방법원에서 1심이 이루어지고, 항소를 하면 고등법원에서 2심 판결을 내리지요. 그리고 또다시 상고를 하면 대법원에서 최종 판결을 내립니다.

민사재판·형사재판·행정재판

　재판에는 몇 가지 종류가 있습니다. 주로 일상생활에서 벌어지는 다툼을 따지는 것을 '민사재판'이라고 하며, 도둑질과 폭행 같은 범죄를 심판하는 것을 '형사재판'이라고 하지요. 또한 국가나 지방의 행정 기관으로부터 국민의 권리를 보호하기 위한 '행정재판'도 있습니다. 그 밖에 가족 사이의 갈등을 다루는 '가사재판', 선거 과정의 잘잘못을 따지는 '선거재판' 등도 있지요.

구형과 선고

　형사재판 관련 뉴스를 보면 '구형'과 '선고'라는 용어를 접하게 됩니다. 여기서 구형은 범죄자에게 얼마큼의 형벌을 내려달라고 검사가 판사에게 요청하는 것이지요. 그러면 판사가 변호사의 의견과 죄를 따져 마땅한 형벌을 결정해 알리는데, 그것이 바로 선고입니다. 즉 범죄자는 구형이 아니라 선고에 따른 죄 값을 치릅니다.

나의 생각메모

삼권분립이 궁금해?

혼자 권력을 다 가지면 안 돼

오늘날 민주주의 국가의 권력은 크게 행정부 · 입법부 · 사법부로 나뉘어 있습니다. 만약 왕이나 독재자 또는 하나의 집단이 모든 권력을 독차지한다면 민주주의 국가라고 할 수 없지요.

여기서 잠깐 앞에서 공부한 내용을 정리해볼까요? 행정부는 흔히 정부라고 하는데, 법을 집행하며 나랏일을 책임집니다. 입법부는 법을 만드는 국회, 사법부는 법에 따른 심판으로 국가의 질서를 지키는 법원을 가리키지요. 그와 같은 행정부 · 입법부 · 사법부가 국가의 권력을 나눠 갖는 것이 '삼권분립'입니다.

그럼 왜 삼권분립이 필요할까요? 그 이유는 어느 한쪽이 모든 권력을 독차지할 경우 부정부패가 일어나기 때문입니다. 나아가 소수의 권력자가 국민을 탄압하며 자기 욕심만 채우다보면 나라의 미래를 망가뜨릴 위험이 크지요. 그와 달리 삼권분립이 이루어지면 권력을 가진 사람들이 서로를 견제해 민주주의를 지켜낼 수 있습니다. 국가의 권력이 균형 있게 조화를 이룰 때 국민의 삶도 더욱 행복해집니다.

한 걸음 더 (1) 가장 먼저 삼권분립을 주장한 사람

 권력이 한 곳에 집중되는 위험성을 처음 강조했던 인물은 17세기 영국 사상가 존 로크(John Locke)입니다. 그는 자신이 집필한 책에서 '법을 만드는 권력'과 '법을 집행하는 권력'이 달라야 한다고 이야기했지요. 그리고 약 50년 후 활동한 프랑스 사상가 몽테스키외(Montesquieu)가 오늘날과 같은 입법 · 행정 · 사법의 삼권분립을 주장했습니다. 그의 삼권분립 이론은 훗날 미국 등의 헌법에서 구체화되었지요.

한 걸음 더 (2) 누가 행정부 · 입법부 · 사법부를 이끌까?

 행정부는 여러 가지 정책을 만들고, 공공시설을 건설하며, 사회 질서를 유지해 국민을 보호합니다. 행정부를 이끄는 최고 책임자는 '대통령'입니다. 국회의원들이 법을 만드는 입법부의 최고 책임자는 '국회의장'이고요. 그리고 법에 따라 재판을 하는 국가 기관인 사법부의 최고 책임자는 '대법원장'입니다.

나의 생각메모

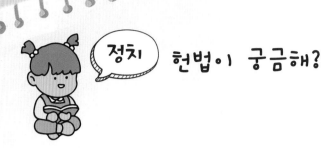

국가의 근본을 담은 최고의 법

한 국가의 모든 국민에게는 '기본권'이 있습니다.

그것은 인간이 태어나면서부터 갖게 되는 최소한의 권리를 의미합니다. 이를테면 법을 위반하지 않는 한 신체의 자유를 구속받지 않을 권리, 누구나 자기 재산을 가질 권리 등이지요. 자신의 신념을 자유롭게 표현하고, 종교와 거주 지역 등을 선택할 권리도 포함합니다. 즉 모든 국민이 인간답게 살 권리, 행복한 삶을 추구할 권리가 바로 기본권이지요. 국가에서 그 내용을 밝혀놓은 것이 다름 아닌 '헌법'입니다.

헌법은 여러 종류의 법률 가운데 가장 힘이 셉니다. 어떤 법률도 헌법보다 더 강력한 영향력을 행사하지 못하지요. 그 이유는 헌법이 국민의 기본권뿐만 아니라, 국가의 정체성을 알리고 있기 때문입니다. 아울러 국가의 조직과 통치 체제의 기초를 정리해놓은 최고의 법이기도 합니다. 헌법에는 국가 영토의 범위를 비롯해 국민의 권리와 의무, 정부 및 국회 구성의 원칙 등이 설명되어 있습니다.

성문헌법과 불문헌법

 우리나라 헌법은 '성문헌법'입니다. 문자로 적어, 문서의 형식을 갖춘 헌법이라
는 뜻이지요. 대부분의 국가는 성문헌법을 갖고 있습니다. 하지만 드물게 영국 같
은 나라는 문서로 된 헌법이 없습니다. 헌법 정신만을 갖고 있어 '불문헌법'이라
고 하지요. 따라서 영국은 '헌법 없는 나라'로 불리기도 하는데, 헌법 정신만큼은
어느 나라 못지않게 충실히 실현하고 있습니다.

헌법재판소가 하는 일

 때로는 법률도 변화가 요구됩니다. 사람들의 가치관이나 생활방식이 달라지기
때문이지요. 그에 따라 어떤 법률이 헌법 정신에 어긋나지 않는지, 국가 기관 사이
에 법률 해석을 두고 분쟁이 벌어질 때 어느 쪽이 옳은지 등을 판가름하는 특별 재
판소가 '헌법재판소'입니다. 그곳에서는 대통령 탄핵과 정당 해산도 심판합니다.

나의 생각메모

○

○ --

○ --

○ --

정치 정당이 궁금해?

정치인들도 팀이 있어

 정치에 대한 생각이 비슷한 사람들이 모여 만든 단체를 '정당'이라고 합니다. 아무래도 여럿이 모여 단결해야 자신들의 뜻을 펼치기 쉬우므로 정당을 만들지요. 그들은 서로를 가까운 친구처럼 '정치적 동지'로 생각합니다.

 요즘은 정치에 관심을 갖는 사람들이 많아 정당 활동이 매우 활발합니다. 그 중 일부는 직접 정치인이 되어 국회의원 선거 등에 나서지요. 또한 평범한 일반인들도 정당에 가입해 후원 활동을 펼칩니다. 우리나라에서는 누구나 자유롭게 정당을 만들거나 당원으로 참여할 수 있지요. 그 내용은 헌법에도 있습니다.

 모든 정당은 선거를 통해 정당한 권력을 가지려고 노력합니다. 그래야만 정당의 힘이 더욱 강해져 자신들의 정책을 마음껏 펼칠 수 있기 때문이지요. 그 과정에서 국민들은 자기가 지지하는 정당의 후보에게 투표해 간접민주주의를 실현합니다. 정치에 대한 사람들의 바람과 의견이 다양해질수록 정당의 모습도 변화를 겪게 마련이지요.

한 걸음 더 (1) 여당은 뭐고, 야당은 뭐야?

'여당'과 '야당'은 정당의 이름이 아닙니다. 우리나라는 대통령을 배출한 정당을 여당이라고 하지요. 그와 달리 대통령 선거에서 패배한 정당은 야당이라고 합니다. 그러니까 여당은 대통령이라는 권력을 가진 단 하나의 정당입니다. 그 밖에 나머지 정당들은 전부 야당으로 불리지요. 결국 다음 대통령 선거 결과에 따라 여당과 야당은 바뀔 수 있습니다.

한 걸음 더 (2) 어느 정당에도 들어가지 않은 정치인

대부분의 정치인은 특정 정당에 소속해 정치 활동을 펼칩니다. 그러나 모든 정치인이 그런 것은 아니지요. 꼭 정당에 들어가지 않았더라도 선거에 나가 당선되면 국회의원 등이 될 수 있습니다. 대통령도 가능하지요. 그렇게 정당 없이 선거에 후보로 나서는 사람들을 '무소속' 후보라고 일컫습니다.

나의 생각메모

- ○ --
- ○ --
- ○ --
- ○ --

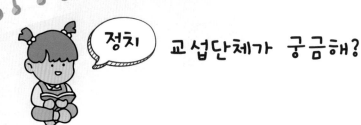

정치 교섭단체가 궁금해?

정당이라고 다 같은 정당은 아니지

우리나라는 '다당제' 국가입니다. 3개 이상의 정당이 존재해 서로 경쟁하고 협력하는 정당 제도를 갖고 있다는 말이지요. 민주주의 국가는 정당 설립이 자유로워 자연스럽게 다당제가 될 가능성이 높습니다.

그러나 민주주의 국가라고 하더라도 모든 정당이 똑같은 영향력을 갖는 것은 아닙니다. 얼마나 많은 국회의원이 소속되어 있느냐에 따라 국가의 지원과 정치적 역량에 큰 차이가 나지요. 그 중 정당의 영향력을 가장 뚜렷이 드러내는 개념어는 '교섭단체'입니다. 국회에서 중요한 안건을 협의할 때는 일정 수 이상의 국회의원을 가진 정당만 참여할 수 있지요. 그런 정당을 가리켜 교섭단체라고 합니다.

국회의 교섭단체 기준은 시대에 따라 조금씩 달랐습니다. 지금은 제9대 국회 때 바뀐 대로 20명 이상의 국회의원이 소속되어 있어야 하지요. 그 기준에 미달되는 정당은 국회 운영, 위원 선임, 국회 발언 등 여러 부문에서 차별받습니다. 교섭단체가 되어야만 정당 살림에 큰 비중을 차지하는 국고보조금 지원도 늘어나지요.

양당제로 유명한 민주주의 국가들

단 한 개의 정당만 존재하는 나라는 독재 국가입니다. 모든 사람이 정치에 관해 똑같은 의견을 가질 수는 없기 때문이지요. 그렇다고 반드시 3개 이상의 정당이 비슷한 힘을 가져야만 민주주의 국가인 것은 아닙니다. 오랫동안 민주주의를 발전시켜온 영국·미국·캐나다 등은 2개 정당의 영향력이 절대적인 '양당제' 국가지요. 그 나라에도 작은 정당들이 더 있지만 거의 이름으로만 존재할 뿐입니다.

국고보조금에 대해 좀 더 알고 싶어

정당은 당원들이 내는 당비만으로 살림을 꾸리기 어렵습니다. 그래서 국가에서는 각 정당이 부정부패의 유혹에 빠지지 않도록 비용을 지원해주지요. 그것을 '국고보조금'이라고 하는데, 국회의원 수와 선거 때 얻은 표 등에 따라 정당마다 다르게 지급합니다. 그 돈은 모두 국민이 낸 세금이므로 각 정당은 민주주의 정신을 지키며 국민을 위한 정치를 펼칠 의무가 있습니다.

나의 생각메모

정치 국정감사가 궁금해?

정부가 일을 제대로 하나 살펴봐야지

대한민국은 행정부·입법부·사법부가 서로의 권력을 견제하고 감시하는 삼권분립 국가입니다. 그 중 입법부인 국회에서 행정부인 정부가 나랏일을 제대로 하고 있는지 살펴보는 활동을 '국정감사'라고 하지요. 대통령이 통솔하는 정부는 잘하든 못하든 임기가 정해져 있기 때문에 국회의 견제와 감시가 매우 중요합니다.

국정감사 기간이 되면 국회의원들이 정부 각 부처에 다양한 자료를 요구합니다. 그것으로 정부가 하는 나랏일에 문제는 없는지, 국민이 낸 세금을 필요한 일에 쓰고 있는지 꼼꼼히 따져보지요. 국정감사 대상은 행정부를 비롯한 국가 기관, 특별시 및 광역시도, 정부 투자 기관 등입니다. 국회의원은 국민을 대신해 그곳의 책임자를 불러 궁금한 내용을 묻고 잘못된 일을 비판하지요. 국정감사를 열심히 하는 것은 국회의원의 중요한 의무 가운데 하나입니다.

우리나라는 1945년 광복 이후부터 헌법에 국정감사 제도를 밝혀두었습니다. 그러나 중간에 폐지했다가, 민주주의가 뿌리내린 1987년에 이르러 다시 실시했지요.

한 걸음 더 (1)   국정감사와 국정조사는 달라

국정감사는 매년 일정한 시기를 정해놓고 국회가 정부에서 하는 나랏일을 두루 살펴보는 활동입니다. 그와 달리 국회는 '국정조사'라고 해서, 전체 국회의원 4분의 1 이상이 요구할 때 특정한 나랏일에 대해 조사를 벌이기도 하지요. 대개 국가적으로 크게 의혹이 가는 사건이 있을 때 이루어지며, 검찰 수사와 별도로 국회에 위원회 등을 만들어 집중적으로 조사합니다.

한 걸음 더 (2)   국정감사에는 증인과 참고인도 있어

국정감사는 국가 기관 등에 대해 1년에 한 번, 30일 이내의 기간을 정해 실시합니다. 참고로 미국 의회는 기간을 정해놓고 하는 국정감사 대신 '상시 청문회 제도'를 두어 늘 행정부를 감시하지요. 국정감사에는 '어떤 사실을 증명하는' 증인과 '어떤 일에 대해 의견을 내는' 참고인도 등장합니다. 국회의원들이 국가 기관 등의 업무에 대해 묻고 따지기 위해 기업인 같은 민간인을 국회로 불러들이지요.

나의 생각메모

정치

인사청문회가 궁금해?

그 자리에 딱 어울리는 사람이네

 국가 기관에서 공공의 이익과 편의를 위해 일하는 사람을 '공직자'라고 합니다. 그 직업은 남다른 도덕성과 책임감을 요구받지요. 특히 정부에서 일하는 고위 공직자는 능력 못지않게 올바른 국가관과 윤리의식을 갖춰야 합니다. 그들이 앞장서 국가를 운영하니까요. 그래서 '인사청문회'를 통해 학력, 경력, 병역 이행, 세금 납부, 범죄 이력 등을 꼼꼼히 살펴보는 것입니다.

 인사청문회 대상은 대법원장, 헌법재판소장, 국무총리, 각 부처 장관, 국가정보원장, 검찰총장, 경찰청장 등입니다. 대부분 대통령이 임명하는 고위 공직자들로, 국회에서 선임한 국회의원들이 후보자의 능력과 도덕성 등을 철저히 검증하지요.

 그러므로 인사청문회는 행정부와 사법부의 권력에 대한 입법부의 견제이기도 합니다. 예를 들어 국무총리는 국민이 직접 투표로 뽑지 않지요. 그 대신 국민의 대표인 국회의원들이 인사청문회를 열어 적절한 인물인지 심사하는 것입니다. 아무리 대통령이 임명하려고 해도 국회의 동의를 받지 못하면 국무총리가 될 수 없지요.

언제부터 인사청문회를 했지?

 우리나라는 2000년 6월 인사청문회법을 처음 만들었습니다. 그 전에는 대통령
이 임명하면 아무런 검증도 거치지 않고 공직에 앉는 경우가 대부분이었는데, 인
사청문회를 실시하고 나서 여러 후보자들이 부적격 판정을 받아 물러났지요. 현
재 인사청문회는 정부가 국회에 '임명동의안'을 제출하는 방식으로 이루어집니
다. 그러면 국회는 3일 이내 기간으로 인사청문회를 열어 통과 여부를 결정하지
요.

다 같은 인사청문회가 아니야

 공직 후보자는 인사청문회를 하고 나서 국회의 표결을 거쳐야 하는 경우와 국회
의 표결이 필요 없는 경우로 나뉩니다. 반드시 표결로 국회의 동의를 얻어야 하는
공직은 대법원장, 헌법재판소장, 국무총리 등이지요. 그와 달리 각 부처 장관, 국
가정보원장, 검찰총장, 경찰청장 등은 국회의 표결이 필요 없기 때문에 설령 국회
의원들이 반대하더라도 대통령이 그 결정을 따를 의무는 없습니다.

나의 생각메모

○

○ ---

○ ---

○ ---

의결정족수가 궁금해?

투표 결과에도 서로 다른 기준이 있어

국회에서는 여러 가지 안건을 국회의원들의 투표에 부칩니다. 그것을 함께 의논하고 결정한다는 뜻을 담아 '의결'이라고 하는데, 매 안건마다 일정한 비율의 찬성표를 얻어야 어떤 결정을 통과시키거나 일을 계속 진행할 수 있지요.

예를 들어 헌법 개정안 의결에는 전체 국회의원 3분의 2 이상의 찬성이 필요합니다. 또한 국무총리나 장관이 중대한 잘못을 저질러 해임하려면 전체 국회의원 과반수의 찬성표를 얻어야 하지요. 그 밖에도 얼마나 중요한 안건인지에 따라 찬성과 반대의 기준을 국회법에 미리 정해두었습니다. 특별한 규정이 없는 안건은 대개 전체 국회의원 과반수 출석에 과반수 찬성을 요구하지요.

그와 같이 국회에서 어떤 안건을 의결해 통과시키거나 진행하는 데 필요한 최소한의 국회의원 수를 '의결정족수'라고 합니다. 만약 어느 부처 장관의 해임 안건을 투표에 붙였는데 전체 국회의원 중 3분의 1만 찬성했다면 "의결정족수 미달로 해임 안이 부결됐다."라고 말할 수 있지요.

한 걸음 더 (1)   재적 의원과 출석 의원

'재적 의원'은 국회의 각 정당 소속과 무소속인 모든 국회의원을 말합니다. '출석 의원'은 어떤 안건을 의결하기 위해 실제로 회의에 참여한 국회의원을 가리키지 요. 그러므로 출석 의원의 수는 재적 의원의 수와 같거나 적습니다. 앞서 이야기했 듯 의결정족수는 안건에 따라 다르게 재적 의원 또는 출석 의원을 기준으로 삼지 요.

한 걸음 더 (2)   의결정족수 말고 의사정족수

의결정족수와 비슷한 '의사정족수'라는 용어도 있습니다. 그것은 회의에서 안건 을 논의하는 데 필요한 최소한의 인원을 뜻합니다. 우리나라 국회법에는 재적 의 원 5분의 1 이상을 의사정족수로 규정해놓았지요. 다시 말해 대한민국 국회는 전 체 국회의원의 20퍼센트만 출석해도 회의를 진행할 수 있는 것입니다. 물론 의결 정족수가 요구되는 안건이라면 무엇을 결정하기는 불가능하지만 말이지요.

나의 생각메모

정치

지방자치제가 궁금해?

우리 고장 일은 우리 스스로

 현재 우리나라의 행정 구역은 특별시 1개(서울), 광역시 6개(부산 · 대구 · 인천 · 대전 · 광주 · 울산), 도 7개(경기도 · 충청북도 · 충청남도 · 전라북도 · 전라남도 · 경상북도 · 경상남도), 특별자치도 2개(제주도 · 강원도), 특별자치시 1개(세종)로 구분되어 있습니다. 그것은 다시 시 · 군 · 구 · 읍 · 면 · 동 · 리 같은 여러 개의 작은 행정 구역으로 나뉘지요.

 그런데 예를 들어 충청북도의 일을 서울에 위치한 중앙 정부에서 속속들이 알 수 있을까요? 그 지역에 어떤 불편이 있고 무엇이 필요한지, 중앙 정부가 그곳 주민들만큼 잘 알기는 어렵습니다. 따라서 중앙 정부의 지시를 무조건 따르는 대신 주민들이 스스로 대표를 뽑아 자기 지역의 일을 결정하고 실천에 옮기는 것이 바람직합니다. 그것이 바로 '지방자치제'입니다.

 지방자치제를 앞장서 실천하는 기관을 일컬어 '지방자치단체'라고 합니다. 그곳의 업무를 책임지고 지휘하는 시장, 도지사, 구청장, 군수 등이 '지방자치단체장'이지요.

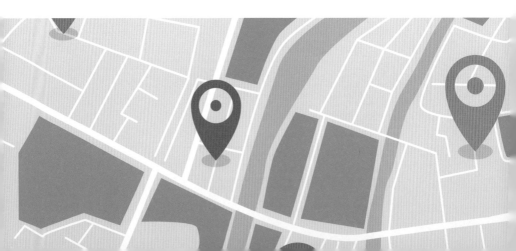

지방자치제의 역사

우리나라의 지방자치제는 1952년에 처음 실시되었습니다. 하지만 1961년 박정희 정부가 들어서면서 폐지되었지요. 그 후 지방자치제는 사회 각 분야에서 민주화에 대한 요구가 커진 1991년에 이르러서야 부활했습니다. 1995년부터는 보다 폭넓게 완전한 지방자치제가 실시되었고요. 민주주의가 일찍 뿌리내린 국가에서는 지방자치제가 수백 년의 전통을 자랑합니다. 그에 비해 우리나라는 지방자치제의 역사가 짧아 아직도 개선할 점이 적지 않지요.

지방자치단체장 선거

'지방선거'라고 불리는 지방자치단체장 선거는 4년마다 치러집니다. 지방선거를 통해 주민들은 자기가 사는 지역의 '광역자치단체장(특별시장, 광역시장, 특별자치시장, 도지사)'과 '기초자치단체장(시장, 구청장, 군수)'을 뽑습니다. 지방자치단체장은 자기 고장을 위해 일하면서도 국가 전체의 미래를 생각할 줄 알아야 합니다.

나의 생각메모

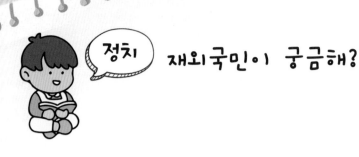

정치 재외국민이 궁금해?

외국에 살면서 대한민국 국적을 가진 사람들

국민은 한 국가를 구성하는 사람들을 일컫습니다. 그 나라의 국적을 가진 사람들을 가리킨다고 정의할 수도 있지요. 여기서 명확히 개념을 알아두어야 할 것이 '재외국민'이라는 용어입니다. 그것은 '재외동포'와 비교했을 때 의미가 분명해집니다.

요즘 우리나라에는 꽤 많은 외국인이 살고 있습니다. 법무부에서는 2050년이 되면 대한민국에 거주하는 외국인 수가 400만 명이 넘을 것으로 예상하지요. 그 시기 전체 인구 가운데 약 9.7%에 달하는 비율이라고 합니다. 그러니까 앞으로 20여 년만 지나면 대한민국에서 살아가는 사람 10명 중 1명 정도가 외국인이라고 내다본 것입니다. 그쯤 되면 본격적인 다문화 사회로 접어든다고 할 만하지요.

그와 마찬가지로 해외 각국에는 많은 한국인들이 정착해 살고 있습니다. 그처럼 외국에 거주하는 한국인을 재외동포라고 하지요. 현재 약 750만 명에 이른다고 합니다. 그 중 대한민국 국적을 유지하고 있는 사람들을 특별히 재외국민이라고 하며, 그 수는 약 270만 명에 달합니다.

한 걸음 더 (1)   재외국민이 우리나라 대통령을 뽑는다고?

　우리나라 헌법은 대한민국 밖에 거주하는 국민의 선거권을 보장합니다. 따라서 대한민국 대통령 선거와 국회의원 선거에 재외국민도 참여할 수 있지요. 다만 지방자치단체장을 뽑는 지방선거에는 재외국민에게 선거권을 주고 있지 않습니다. 우리나라는 지난 2009년부터 재외국민 선거 제도를 실시했지요. 최근 선거들마다 약 20~30만 명의 재외국민이 자신의 권리를 행사했습니다.

한 걸음 더 (2)   귀화해서 국적을 바꾼다고?

　국적이란, 한 나라의 구성원이 되는 자격입니다. 현대 사회에서는 개인의 선택에 따라 국적을 바꾸는 일이 드물지 않지요. 그 중 한 가지 방법이 '귀화'입니다. 법률에 따라 외국 국적을 취득해 그 나라 국민이 되는 것을 귀화라고 합니다. 우리나라에도 귀화 제도가 있습니다. 결혼이나 입양, 또는 개인이 귀화 신청을 해서 국가의 허가를 받을 수 있지요.

나의 생각메모

○

○ --

○ --

○ --

자본주의가 궁금해?

더 잘살려고 하는 건 인간의 본능이야

자본주의란, '이윤을 얻는 것을 목적으로 하는 자본이 지배하는 경제 체제'입니다. 흔히 자본은 '돈'과 같은 의미로 해석되지요. 나아가 자본은 상품이나 기계, 원료 같은 것일 수도 있습니다. 이윤은 개인이나 기업이 경제 활동을 해서 거둬들이는 순이익을 말하고요.

자본주의의 특징은 무엇보다 사유(개인) 재산을 인정하고, 시장의 역할을 중요하게 여긴다는 점입니다. 사람들은 자기 의지대로 직업을 선택하고, 스스로 결정한 만큼 생산하며, 자신의 취향에 따라 원하는 것을 소비하지요. 저마다 이윤을 얻기 위해 창의적인 생각을 하면서 자유롭게 경쟁합니다. 자본주의 사회에서는 그 과정과 방법이 정당할 경우 아무리 이윤을 좇아도 도덕적인 비난을 하기 어렵습니다.

오늘날 경제적 성공을 이룬 대부분의 국가는 일찍이 자본주의 체제를 선택했습니다. 하지만 자본주의는 부자와 서민의 심각한 경제력 차이 등 적지 않은 문제를 안고 있기도 합니다.

한 걸음 더 (1) '체제'라는 말이 자주 등장하네

앞서 '자본주의 체제'라는 표현을 썼습니다. 여기서 체제란 무엇을 의미하는 용어일까요? 그것은 어떠한 원리에 바탕을 둔 국가 질서의 전체적인 모습을 일컫는 말입니다. 설명이 좀 어렵나요? 다시 말해 체제는 한 사회의 제도와 조직이 어떻게 이루어졌고, 무엇을 추구하는지 한마디로 정의하지요. '민주주의 체제', '봉건 체제', '독재 체제'라고 하는 식입니다.

한 걸음 더 (2) 자본주의의 빈익빈 부익부 문제

흔히 자본주의의 문제점을 나타내는 말 중에 '빈익빈 부익부'가 있습니다. '가난한 사람은 갈수록 더 가난해지고 부자는 점점 더 큰 부자가 된다.'라는 의미지요. 그 이유는 자본주의의 이윤이 노동을 통해서만 발생하는 것이 아니기 때문입니다. 부자는 주식이나 부동산, 사업 투자 등으로 더 빠르게 많은 부를 쌓을 수 있지요. 그러면 자본 없는 노동자들은 상대적 빈곤을 느끼게 됩니다.

나의 생각메모

○

○

○

○

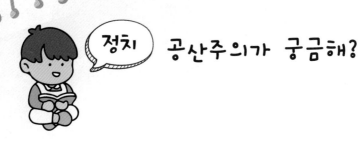

내 것, 네 것이 따로 없는 세상

 공산주의는 자본주의에 반대되는 경제 체제라고 할 수 있습니다. 사유 재산을 인정하지 않고, 모든 구성원들이 사회의 재산을 함께 소유한다는 원칙을 내세우지요. 그러므로 공산주의 체제에는 부자와 가난한 사람이 따로 있지 않다고 주장합니다. 돈을 향한 욕심 때문에 빚어지는 부정부패와 인간성 상실 같은 문제도 일어나지 않는다고 보지요.

 공산주의 이론을 처음 이야기한 사람은 독일 학자 카를 마르크스와 프리드리히 엥겔스입니다. 그 후 1917년 러시아에서 혁명이 일어나 공산주의가 실현됐지요. 공산주의는 빠르게 세력을 넓혀 자본주의와 맞섰습니다. 중국을 비롯해 동유럽 국가들이 잇달아 공산주의를 받아들이면서, 미국이 앞장선 자본주의 국가들과 치열한 경쟁을 펼친 것입니다.

 하지만 1990년대 들어 공산주의는 완전히 힘을 잃었습니다. 공산주의 이론가들이 상상했던 이상 사회는 현실성이 없었고, 사람들의 생활이 이전보다 더 힘들어졌기 때문입니다.

한 걸음 더 (1) 사회주의도 있어

'사회주의'는 공산주의와 비슷한 개념입니다. 둘 다 개인의 자유보다 사회 전체의 이익을 중요하게 생각하지요. 그런데 사회주의는 경제 체제에 집중하는 공산주의와 비교해 의식주부터 의료, 교육 등 모든 문제에 관심을 갖습니다. 그런 문제들을 전체 사회 차원에서 공평하게 해결하겠다는 것이지요. 따라서 사회주의가 공산주의보다 넓은 개념이라고 할 수 있습니다.

한 걸음 더 (2) 공산주의의 반대는 민주주의가 아니야

앞서 공산주의는 자본주의에 반대되는 경제 체제라고 설명했습니다. 그런데 많은 사람들이 공산주의의 상대적 개념어로 민주주의를 이야기하지요. 그것은 공산주의 국가의 지도자들이 거의 모두 독재를 일삼았기 때문입니다. 하지만 공산주의는 자본주의와 더불어 경제 체제의 차이로 이해하는 편이 바람직합니다.

나의 생각메모

■ 우리나라에는 다양한 정부 부처가 있습니다. 그중 10개의 정부 부처를 골라 그곳에서 하는 일을 적어보아요.

잠깐! 스스로 생각해봐!

■ 자본주의 경제 체제와 공산주의 경제 체제는 각각 장단점이 있습니다. 앞에서 공부한 내용을
참고해 여러분이 생각하는 장단점을 정리해보아요.

대한민국은 민주공화국이다!

과거에는 많은 나라에 왕이 있었습니다. 국왕은 절대적인 권력을 가진데다 자손에게 그 지위를 물려주기까지 했지요. 그와 같은 정치 제도를 '군주제'라고 하는데, 우리의 조선시대를 떠올려보면 쉽게 이해할 수 있습니다. 한마디로 군주제는 '국왕이 국가의 주인'이라는 것이지요.

군주제와 반대되는 정치 제도는 '공화제'입니다. 공화제를 내세우는 국가는 법률에 따라 시민들이 협의하고 참여해 국가를 운영하지요. 그런 나라를 가리켜 '공화국'이라고 합니다. 우리나라 역시 '대한민국은 민주공화국이다.'라고 헌법 제1조에 밝혀두었습니다. 그것은 주권이 국민에게 있으며, 선거를 통해 임기가 정해진 국민의 대표를 뽑아 나랏일을 맡긴다는 의미입니다.

그럼 우리나라 헌법은 왜 공화국이 아니라 '민주공화국'이라고 표현했을까요? 그 이유는 공화국이라 하더라도 한 사람 또는 소수의 권력자가 독재를 할 수 있기 때문입니다. 그래서 특별히 민주주의를 실현하는 공화국이라고 강조한 것이지요.

한 걸음 더 (1) 절대군주제와 입헌군주제

오늘날에도 몇몇 나라에 국왕이 존재합니다. 그 중에는 사우디아라비아처럼 여전히 국왕이 최고의 권력을 행사하는 '절대군주제' 국가가 있고, 영국처럼 국왕의 역할이 매우 줄어들어 형식적 권위만 갖는 '입헌군주제' 국가가 있지요. 입헌군주제에서는 국민들이 실질적인 주권을 가져 선거를 통해 총리나 의원들을 뽑습니다. 여느 민주주의 국가와 다름없는 공화국인 셈이지요.

한 걸음 더 (2) 대한민국을 영어로 표기하면?

영어가 국제 언어로 자리 잡으면서 각 나라는 자국어 이름과 함께 영어로 표기하는 국명을 갖고 있습니다. 대한민국도 그렇지요. 흔히 외국인들은 대한민국을 일컬어 '코리아(Korea)' 또는 '사우스코리아(South Korea)'라고 합니다. 그런데 대한민국의 정식 영어 국명은 '리퍼블릭 오브 코리아(Republic of Korea)'입니다. '리퍼블릭(Republic)'이 바로 공화국이라는 뜻이지요.

나의 생각메모

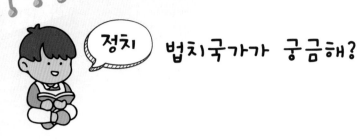

정치 법치국가가 궁금해?

오직 법률에 따라 판단하고 행동하지

법원에 대해 설명하면서 대한민국은 법치주의 국가라고 이야기했습니다. 국민의 합의로 만든 법률에 의해 다스려지는 나라라는 말이지요. 그 법률은 국민의 기본권을 보장하며, 국가의 권력을 적절히 분산해 서로 견제하게 합니다. 또한 국가의 모든 정책과 행정 활동이 법률의 지배를 받지요. 그런 나라가 곧 '법치국가'입니다.

법치국가에서는 사회 갈등을 인간의 주관이나 폭력적인 방법으로 해결하지 않습니다. 특정인의 시각과 판단은 객관성을 잃어버리기 쉽기 때문입니다. 폭력적인 방법은 부도덕하고 비문명적이며, 민주주의에 크게 어긋나는 행동이고요.

우리나라는 1948년 만든 건국헌법에서부터 법치를 국가 운영의 기본 원리로 밝혀왔습니다. 모든 국가 기관은 오직 법률에 따라 권한을 행사할 수 있지요. 그리고 헌법재판소를 두어 법률이 헌법 정신을 훼손하지 않는지 심판하는 안전장치까지 마련해놓았습니다. 민주주의와 아울러 법치가 대한민국을 이끌어가는 두 가지 원칙이라고 할 만합니다.

한 걸음 더 (I) 경찰국가라는 게 있어?

법치국가에 대립하는 개념이 '경찰국가'입니다. 오래 전 유럽의 군주제 국가에서는 소수의 권력자가 누구의 견제도 받지 않고 마음대로 국가를 좌지우지했지요. 20세기에 등장해 세계 대전을 일으킨 몇몇 독재 국가들도 다르지 않았습니다. 그와 같은 경찰국가는 법치국가와 달리 국민의 자유와 권리를 보장하지 않았지요. 번번이 법률보다 권력자의 판단이 더 큰 힘을 가졌습니다.

한 걸음 더 (2) 살인자도 법에 따라 처벌해

이따금 뉴스를 통해 끔찍한 범죄 사건을 접하게 됩니다. 그런데 법치국가에서는 아무리 용서받지 못할 죄를 저질러도 반드시 법률에 따라 범죄자를 처벌하지요. 그것을 '죄형법정주의'라고 합니다. 법치국가는 범죄에 대한 처벌의 기준과 한계도 감정을 앞세우는 대신 법률로써 분명히 정해놓는 것입니다.

나의 생각메모

정치 참정권이 궁금해?

정치에 참여하는 다양한 방법

국민이 주권자로서 정치에 참여할 수 있는 권리를 '참정권'이라고 합니다. 민주주의 국가에서는 누구나 언론과 출판을 통해 자신의 의견을 표현하고, 자유롭게 단체를 조직하거나 집회를 열며, 때로는 정당에 들어가 정치 활동을 펼치지요. 오늘날은 대개 '선거권'과 '피선거권'의 형태로 참정권을 행사합니다.

선거권은 선거에 참여해 투표할 수 있는 권리, 피선거권은 선거에 후보로 나가 당선인이 될 수 있는 권리입니다. 현대 사회는 간접민주주의가 뿌리내린 만큼 선거를 통한 참정권의 실현이 매우 중요하지요. 예를 들어 누구든 일정한 조건을 갖추면 대통령 후보로 나서는 것이 가능해야 하고, 누구든 대통령 선거에 참여해 투표할 수 있어야 합니다.

민주주의 국가의 참정권에는 차별이 있으면 안 됩니다. 성별, 학력, 종교, 출신 지역, 재산의 많고 적음 등에 상관없이 누구나 갖는 기본권이기 때문입니다. 다만 법률에 따라 선거권과 피선거권에 나이 제한을 두기는 합니다.

한 걸음 더 (1) 우리는 몇 살부터 선거할 수 있지?

우리나라의 경우 만 18세부터 대통령 선거, 국회의원 선거, 지방선거에 참여할 수 있습니다. 대한민국 정부 수립 초기에는 만 21세였던 것을 점점 낮춰 2019년에 지금의 나이로 선거법을 바꿨지요. 그런데 피선거권은 조금 다릅니다. 대통령 선거의 경우는 만 40세가 넘어야 후보로 출마할 수 있고, 국회의원 선거와 지방선거 후보자는 선거권과 똑같이 만 18세부터 가능하지요.

한 걸음 더 (2) 대한민국의 4가지 선거 원칙

우리나라는 '보통선거', '평등선거', '직접선거', '비밀선거'라는 민주주의 국가의 선거 원칙을 철저히 지키고 있습니다. 그것은 차례대로 일정한 나이가 되면 누구나 제한 없이 선거권을 갖는 것, 누구나 공평하게 한 사람이 한 표씩 투표하는 것, 다른 사람이 절대로 대리 투표를 할 수 없는 것, 어떤 후보에게 투표했는지 비밀을 보장하는 것을 말합니다.

나의 생각메모

대통령제가 궁금해?

대통령이 국가의 최고 리더인 정치 제도

정부 형태의 한 종류입니다. 공화제를 추구하는 나라에서 대통령이 최고 권력자이자 행정부를 앞장서 이끌어가는 정치 제도를 '대통령제'라고 하지요. 대통령중심제 또는 대통령책임제라고도 합니다.

대통령제 국가에서 중요한 나랏일은 대부분 대통령의 판단과 결정으로 이루어집니다. 대통령은 선거를 통해 부여받은 권력을 정해진 임기 동안 강력하게 행사할 수 있지요. 따라서 그동안 나라가 안정적으로 운영될 가능성이 높습니다. 하지만 대통령제의 단점도 적지 않아, 정치 후진국에서는 독재가 벌어질 위험이 크지요. 그런 사태를 방지하려면 무엇보다 삼권분립이 잘 지켜져야 합니다.

대통령제는 미국에서 시작한 정치 제도입니다. 그때부터 인류는 권력을 세습하던 군주제에서 본격적으로 벗어나게 됐지요. 대통령제는 제2차 세계대전 이후 미국이 초강대국으로 인정받으면서 아시아 일부 국가를 비롯해 중남미와 아프리카의 여러 나라로 퍼져 나갔습니다. 대한민국도 그 무렵 대통령제를 받아들였습니다.

한 걸음 더 (1)　미국은 부통령, 대한민국은 국무총리

　우리나라와 미국은 모두 대통령제로 국가를 운영하는 공통점을 가졌습니다. 그런데 대통령에 이어 권력 서열 2위를 가리키는 직책이 다르지요. 그 자리에 우리나라는 '국무총리'가 있고, 미국은 '부통령'이 있습니다. 대통령제 국가는 대부분 부통령을 두지만, 우리나라는 다음 장에서 설명할 의원내각제를 참고해 국무총리를 임명하지요. 대통령제 국가에서 그와 같은 경우는 드물다고 합니다.

한 걸음 더 (2)　대통령도 임기가 끝나 가면 힘이 없어

　대통령제에서 대통령이 막강한 권력을 갖는 이유는 임기가 정해져 있기 때문입니다. 그 기간에는 법률을 심각하게 위반하지 않는 한 잘못된 정책을 펼쳐도 자리에서 물러나지 않지요. 그러나 반대로 임기를 마쳐 가는 대통령은 주변에서 만만히 보아 힘을 잃기 십상입니다. 그것을 '레임덕 현상'이라고 하지요. 레임덕은 균형을 잡지 못한 채 뒤뚱거리며 걷는 '절름발이 오리'라는 뜻입니다.

나의 생각메모

○ --

○ --

○ --

○ --

의원내각제가 궁금해?

대통령제보다 더 많이 받아들인 정부 형태

우리나라와 달리 일본과 영국 등에는 대통령이 없습니다. 그 나라들은 '내각책임제' '내각제'라고도 하는 '의원내각제'를 채택하고 있기 때문이지요. 의원내각제는 대통령제와 더불어 오늘날 민주주의 국가의 대표적인 정부 형태 중 하나입니다.

의원내각제는 의회(국회)에서 가장 많은 의원을 갖고 있는 정당이 나라의 행정까지 책임집니다. 그 정당의 대표가 '총리'나 '수상' 등의 이름으로 실질적인 최고 권력자의 자리에 앉게 되지요. 상당수 의원내각제 국가에는 국왕이나 대통령이 존재하는데, 그 경우 국왕이나 대통령은 상징적인 대표자일 뿐 나랏일에 관한 실질적인 권한은 대부분 총리(수상)가 행사합니다.

의원내각제는 의회와 행정부의 갈등이 줄어든다는 장점이 있습니다. 의회에서 가장 세력이 큰 정당이 나랏일까지 책임지기 때문이지요. 의원이 직접 내각의 장관이 되기도 하니까요. 하지만 삼권분립에 문제가 생길 수 있고, 여러 정당의 잦은 세력 다툼으로 자꾸만 총리(수상)가 바뀌는 단점도 있습니다.

선진국은 의원내각제를 좋아해?

 반드시 그런 것은 아니지만, 국민소득이 높은 선진국은 대통령제보다 의원내각제를 받아들인 경우가 많습니다. 스웨덴, 노르웨이, 덴마크 등 북유럽 국가를 비롯해 독일, 영국, 이탈리아 같은 서유럽의 선진국도 의원내각제를 채택하고 있지요. 아시아의 경제 강국인 일본과 싱가포르도 그렇고요. 어느 면에서는 대통령제 국가인 우리나라와 미국이 흔치 않은 사례라고 할 수 있습니다.

국왕이 있는 나라, 대통령이 있는 나라

 앞서 상당수 의원내각제 국가에 국왕이나 대통령이 존재한다고 설명했습니다. 대개 국왕이 있는 나라는 '입헌군주제 국가', 대통령이 있는 나라는 공화국이지요. 입헌군주제란, 국왕이라 하더라도 헌법에서 정한 제한된 권력만 갖는 체제를 말합니다. 예를 들어 영국과 일본은 의원내각제를 채택한 입헌군주제 국가, 독일은 정부 형태가 의원내각제인 공화국입니다.

나의 생각메모

모든 후보가 공정하게 선거 운동을 하도록

대통령 선거나 국회의원 선거 때, 후보자들의 얼굴과 대표 공약을 적어 담벼락 같은 곳에 길게 붙여놓은 게시물을 본 적 있나요?

그런 선거 벽보와 현수막 등에 드는 비용은 '선거공영제(공영선거제)'에 따라 국가나 지방자치단체에서 부담합니다. 후보자 경력 방송과 합동 연설회 등에 드는 비용도 마찬가지고요. 그럼 선거공영제를 실시하는 이유는 무엇일까요?

선거공영제는 모든 후보자에게 선거 운동의 기회를 균등하게 보장한다는 의미를 갖습니다. 만약 어느 정당 소속인지에 따라 선거 운동에 심각한 불균형이 발생한다면 유권자들이 후보자에 대해 정확한 정보를 얻기 어렵지요. 또한 선거공영제는 후보자가 선거 운동에 사용하는 비용을 국가나 지방자치단체가 부담하도록 합니다. 그것은 재산이 많고 적음에 따라 당락이 결정되는 부작용을 줄여주지요.

어느 면에서 선거공영제는 자유를 제한하는 제도입니다. 하지만 그것은 선거의 공정성을 높이고 부정부패를 막는 데 중요한 역할을 합니다.

한 걸음 더 (1) 중앙선거관리위원회를 알아?

'중앙선거관리위원회'는 1960년에 설립되었습니다. 각급 선거관리위원회를 지휘하고 감독해 우리나라의 선거와 국민투표를 투명하게 관리하지요. 중앙선거관리위원회는 행정부와 국회, 법원 등에 소속되지 않은 독립 기관으로 엄격한 공정성을 갖추고 있습니다. 선거공영제에 따른 선거 관리와 불법 선거 운동 단속 등에도 다양한 역할을 합니다.

한 걸음 더 (2) 선거 운동 비용을 돌려받는 조건

선거공영제에 따라 선거 운동에 사용하는 비용을 국가나 지방자치단체가 부담하지만, 모든 경우에 그런 것은 아닙니다. 그 비용이 국민의 세금으로 쓰이는 만큼 정확한 규정이 있지요. 우선 선거에 당선되거나 15퍼센트 넘게 득표하면 선거 비용 전액을, 10~15퍼센트 득표하면 50퍼센트를 보전해줍니다. 그러나 10퍼센트 득표에 미치지 못한 후보는 한 푼도 돌려받지 못하지요.

나의 생각메모

○

○ ---

○ ---

○ ---

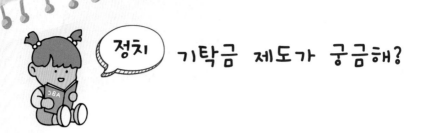

기탁금 제도가 궁금해?

함부로 출마하면 돈만 잃을 수 있어

우리나라에서 대통령이나 국회의원, 지방자치단체장, 지방의회의원 후보로 나서려면 법률이 정하는 바에 따라 일정한 금액을 해당 선거관리위원회에 내야 합니다. 그것을 '기탁금 제도'라고 하지요.

기탁금 제도는 깊은 고민 없이 너도 나도 무분별하게 선거에 출마하는 혼란을 막기 위해 만들었습니다. 후보가 너무 많으면 선거 관리가 힘들고, 투표하려는 사람들도 지지자를 결정할 때 헷갈릴 테니까요. 그래서 재산상 불이익을 당할 수 있는 장치를 마련해 후보자 수를 자연스럽게 제한하는 것입니다.

그런데 기탁금 제도에는 장점 못지않게 문제점도 있습니다. 무엇보다 선거에 후보로 나서려는 사람의 자격을 돈으로 제한한다는 점이 그렇지요. 더구나 부자들에게는 기탁금 제도가 아무런 장벽이 되지 않는데, 훌륭한 자질을 갖추고도 단지 돈이 없는 사람은 선거에 나서지 못할 수 있으니까요. 그래서인지 요즘은 기탁금 액수가 점점 줄어드는 추세라고 합니다.

기탁금은 돌려받지 못하나요?

제20대 대통령 선거를 기준으로, 후보가 되려는 사람은 법률에 따라 3억 원의 기탁금을 중앙선거관리위원회에 납부해야 합니다. 과거에는 5억 원이었는데 개인에게 지나친 부담을 준다는 여론이 있어 지금의 금액으로 낮췄지요. 기탁금은 선거에 당선되거나 15퍼센트 이상 득표했을 경우 모두 돌려받을 수 있습니다. 만약 10~15퍼센트를 득표하면 절반을 돌려받고, 그 이하는 전액 나랏돈이 됩니다.

일부에서 기탁금 제도에 반대하는 이유

분명히 긍정적인 효과가 있지만, 기탁금 제도는 국민의 기본권을 침해한다는 비판을 받아왔습니다. 이미 설명한 대로 선거에 후보로 나서려는 사람의 자격을 돈으로 제한하기 때문이지요. 그것은 참정권과 평등권을 보장하는 헌법 정신에 어긋나는 면이 있습니다. 누구나 공무원이 되어 공적 업무를 담당할 수 있는 권리인 '공무담임권'도 위협하고요. 좀 더 곰곰이 생각해볼 만한 문제입니다.

나의 생각메모

- -

- -

- -

정치 여론이 궁금해?

먼저 국민의 생각을 알아야 해

 사회 구성원들의 공통된 생각을 '여론'이라고 합니다. 예를 들어 "북한과 반드시 통일을 이루어야 할까?"라는 질문에 60퍼센트의 국민이 "꼭 그래야만 한다."라고 응답했다면 그것이 대한민국 사람 60퍼센트가 지지하는 여론입니다. 어느 경우 여론은 크게 두세 가지로 구분할 수 있지만, 더욱 다채로운 의견과 주장으로 나타나기도 합니다.

 여론은 민주주의 정치의 발달과 함께 그 중요성이 점점 더 커져 왔습니다. 여론은 곧 국민의 생각과 바람이므로, 정치인이라면 여론의 변화에 주목할 수밖에 없지요. 그래서 등장한 것이 '여론 조사'입니다. 19세기 초 미국 대통령 선거에서 본격적으로 시작된 여론 조사는 20세기 들어 유행처럼 번졌습니다. 요즘은 주요 정치 행사 등이 있을 적마다 각 언론사들이 경쟁적으로 여론 조사 결과를 발표합니다.

 그런데 여론에 민감하게 반응하는 정치인이 항상 바람직한 것은 아닙니다. 때로는 여론만 좇기보다 원칙에 충실하면서 미래를 내다볼 필요가 있기 때문입니다.

왜 나한테는 물어보지 않아?

우리는 이따금 신문과 방송을 통해 여론 조사 결과를 접합니다. 그때 등장하는 용어 중에 '표본 추출'과 '표본 오차'가 있습니다. 현대 사회에서 모든 구성원을 대상으로 여론 조사를 하기는 어렵습니다. 따라서 우선 조사 대상의 범위와 적절한 인원을 정해야 하지요. 그것을 표본 추출이라고 합니다. 그리고 표본 추출이 전체 구성원을 정확히 대변하지는 못해 차이가 생길 수밖에 없는데 그것을 표본 오차라고 하지요.

여론 조사 결과를 이해하는 방법

여론 조사 결과에서 '96퍼센트 신뢰 수준에 표본 오차 ±3퍼센트포인트'와 같은 표현을 볼 수 있습니다. 그것은 똑같은 여론 조사를 100번 할 경우 96번은 오차 범위가 ±3퍼센트포인트 안에 있다는 의미입니다. 여기서 ±3퍼센트포인트란, 이를테면 60퍼센트라는 조사 결과가 57~63퍼센트일 수도 있다는 말입니다.

나의 생각메모

○

○

○

○

정치 부동표가 궁금해?

이럴까, 저럴까 나도 헷갈리네

'부동표를 잡아라! 대통령 선거가 나흘 앞으로 다가왔지만 여전히 부동표가 20퍼센트에 달하는 것으로 나타나 각 정당이 대책 마련에 부심하고 있다.'

요즘은 선거를 앞두고 다양한 여론 조사가 이루어집니다. 그때마다 위 신문 기사처럼 '부동표'라는 말이 심심치 않게 등장하지요. 부동표란 어느 후보에게 투표할지 분명히 결정하지 않은 표를 말합니다. 그럼 부동표를 어떻게 바라봐야 할까요?

부동표가 갖는 의미는 크게 2가지로 해석할 수 있습니다. 우선, 어느 한쪽을 섣불리 지지하기보다 각 후보들이 내세우는 공약을 좀 더 찬찬히 살펴보고 투표하겠다는 판단이지요. 그것은 긍정적인 면입니다. 하지만 실제로는 마땅히 지지하고 싶은 후보가 없어 시큰둥해하며 망설이는 것이 보통이지요. 선뜻 마음이 내키는 후보가 없다는 것은 그만큼 국민이 정치에 만족하지 못한다는 의미입니다.

선거에 부동표가 많을수록 누구도 쉽게 결과를 예측할 수 없습니다. 따라서 선거에 출마한 후보들과 정당은 긴장감이 더욱 커지게 마련이지요.

한 걸음 더 (1)　무엇보다 공약을 잘 살펴봐야 해

선거에 출마하는 모든 후보자는 '공약'을 발표합니다. 공약이란, 자신이 당선되면 지역 주민이나 국민을 위해 어떤 일들을 하겠다는 공적인 약속이지요. 공약에는 책임이 따르므로 실현 가능성이 있어야 하고, 그것을 어떻게 실천할 것인지 구체적인 방법을 제시해야 합니다. 만약 눈앞의 당선만을 위해 터무니없는 공약을 남발하고 약속을 지키지 않는 정치인이 있다면 비난을 면하기 어렵습니다.

한 걸음 더 (2)　정치를 혐오한다고?

국어사전에 '혐오'는 '싫어하고 미워함'이라고 설명되어 있습니다. 아무래도 부정적인 의미로 쓰이기 쉬운 말이지요. 그런데 언제부턴가 우리 사회에는 '정치 혐오' 현상이 널리 퍼져 있습니다. 그것은 정부와 정당의 활동이 신뢰를 잃고, 정치인들이 실망스런 언행을 반복하는 데서 원인을 찾을 수 있습니다. 정치 혐오는 정치에 대한 무관심으로 이어져 민주주의를 위태롭게 합니다.

나의 생각메모

○

○

○

○

정치 출구조사가 궁금해?

뭐든 빨리빨리 알고 싶어

 20여 년 전만 해도 선거 결과를 알려면 이튿날 새벽녘이 돼야 했습니다. 어느 정도 예상하는 것도 투표를 마감하고 서너 시간쯤은 지나야 가능했지요. 그래서 정치에 관심이 큰 사람들은 졸린 눈을 부비며 꼬박 밤을 새우기 일쑤였습니다.

 하지만 이제는 그럴 필요가 없어졌습니다. 투표 시간이 끝나는 것과 거의 동시에 '출구조사' 결과가 나와 당락을 예상할 수 있게 됐으니까요. 출구조사 결과 많은 표 차이로 당선이 예상될 경우, 일찌감치 그쪽 후보와 지지자들은 환호성을 내지릅니다.

 출구조사는 흔히 일부 투표소에서 투표를 마치고 나오는 사람들에게 설문지를 돌려 누구를 선택했는지 묻는 방식으로 이루어집니다. 당연히 모든 사람을 대상으로 할 수는 없어 여론 조사처럼 표본 추출 방식을 적용하는 것이지요. 그에 따라 표본 오차도 생기게 마련이고요. 게다가 가끔은 거짓으로 조사에 응하는 사람들도 있어 실제 결과와 다른 예측을 내놓기도 합니다. 그럼에도 요즘은 출구조사의 적중률이 97퍼센트나 될 만큼 높아졌다고 하지요.

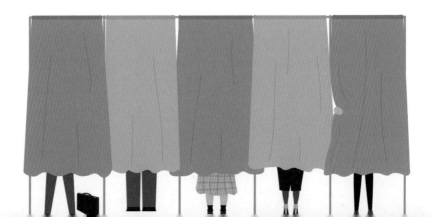

한 걸음 더 (1) 　언제부터 출구조사를 했을까?

  선거에서 처음 출구조사를 실시한 나라는 미국입니다. 1967년 CBS 방송국에서 시작했는데, 이듬해 치러진 미국 대통령 선거에서 실제 결과와 같은 당선자와 득표 차를 비슷하게 예측해 화제를 불러일으켰지요. 그 후 출구조사는 세계 여러 나라로 전파되어, 우리나라의 경우 2000년 4월 13일에 치러진 국회의원 선거 때부터 KBS·MBC·SBS 3대 방송국이 모두 참여했습니다.

한 걸음 더 (2) 　출구조사에 관한 법과 원칙

  대한민국 법률은 투표소 50미터 밖에서 실시하는 출구조사를 허용하고 있습니다. 다시 말해, 아무리 영향력이 큰 언론사라 하더라도 투표소 바로 앞에서 누구에게 투표했는지 묻는 것은 불법이지요. 또한 투표를 마친 모든 사람은 출구조사에 응하지 않을 자유가 있습니다. 우리나라는 비밀선거의 원칙을 지키니까요. 아울러 모든 언론사는 투표 마감 시각 전에 출구조사 결과를 절대 발표할 수 없습니다.

나의 생각메모

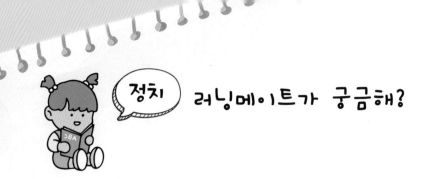

러닝메이트가 궁금해?

우리 둘이 함께 달려요

학교에서 선거를 통해 회장과 부회장을 뽑는다고 가정해 봐요. 보통은 가장 많은 표를 얻은 학생이 회장, 두 번째로 많은 지지를 받은 학생이 부회장이 되지요. 그런데 학급 운영에 비슷한 생각을 가진 회장 후보와 부회장 후보가 아예 팀을 이뤄 선거를 치르는 방식도 있습니다. 이 경우 친구들은 두 사람을 함께 평가해 투표하지요. 이렇게 뽑힌 회장과 부회장은 사이좋게 협력할 가능성이 높습니다.

다름 아닌 미국이 그와 같은 방식으로 대통령 선거를 치릅니다. 대통령 후보와 더불어 같은 정당 사람이 부통령 후보로 나와 동시에 국민의 선택을 받지요. 그들은 선거 운동을 같이하고, 당선될 경우 대통령의 임기 동안 여러 정책을 결정하는 데 서로 힘을 보탭니다. 그래서 사람들은 정치적 운명을 함께하는 대통령 후보와 부통령 후보를 일컬어 '러닝메이트'라고 하지요. '함께 달리는 친구'라는 말입니다. 대개 부통령 후보는 대통령 후보의 단점을 보완해줄 사람으로 결정합니다. 대통령 후보가 젊으면 경험 많은 사람이, 대통령 후보가 감정적이면 차분하고 논리적인 사람이 부통령 후보가 되는 편이지요.

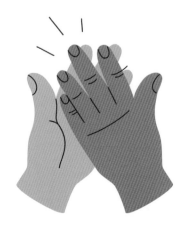

미국처럼 대만도 러닝메이트

 대만의 국가 원수를 가리키는 용어는 '총통'입니다. 대통령을 일컫는 대만식 표현으로 이해하면 되지요. 그 밑에는 부총통을 두어 총통이 하는 일을 돕게 하고 있습니다. 대만 역시 법률에 따라, 미국의 대통령 선거처럼 총통 선거 때 부총통 후보가 함께 나와 국민의 선택을 받지요. 그런데 대만에서는 미국과 달리 총통 후보와 부총통 후보의 소속 정당이 달라도 된다고 합니다.

원래 러닝메이트는 경마장에 있다고?

 많은 개념어에는 유래가 있습니다. 러닝메이트도 그렇지요. 원래 이 용어는 '같이 뛰게 하는 말'의 의미로 경마장에서 사용했습니다. 시합에 출전하는 말의 연습 상대가 되는 말을 가리키는 용어였지요. 그 후 미국에서 부통령 후보자를 대통령 후보자의 러닝메이트라고 부르기 시작하더니, 지금은 정치뿐만 아니라 어떤 일에 운명을 함께하며 협력하는 특별한 관계를 일컫는 말로도 사용합니다.

나의 생각메모

○

○ --

○ --

○ --

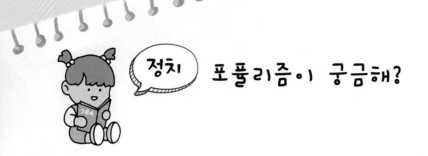

정치 포풀리즘이 궁금해?

어떻게든 인기만 얻으면 그만이지

모든 정치인은 엘리트나 특권층 같은 소수의 사람이 아닌 대중의 지지를 받기 위해 노력합니다. 누구나 아무 제한 없이 선거권을 갖는 보통선거와, 누구나 공평하게 한 사람이 한 표씩 투표하는 평등선거의 원칙을 따르는 민주주의 국가에서 대중의 지지를 얻지 못하면 정치인으로 성공할 수 없기 때문입니다.

그러다 보니 일부 정치인들은 대중의 지지에 호소하기 위해 상식과 양심을 저버리고는 합니다. 유권자들의 표만 얻을 수 있다면 국가와 지역의 미래를 가볍게 여기기 일쑤지요. 그와 같이 오직 대중에 영합하는 것을 목적으로 하는 정치인들의 정책은 '포풀리즘'으로 비난받습니다. 영합이란, '사사로운 이익을 위해 아첨하여 좇는다.' 라는 뜻이지요. 그런 포풀리즘은 대중을 향한 알랑거림일 뿐입니다.

원래 포풀리즘은 대중을 중요하게 생각하는 정치 활동으로 가능한 많은 사람의 행복을 추구한다는 긍정적 의미를 갖습니다. 아울러 대중의 정치 참여도 강조하고요. 하지만 최근에는 사사롭게 대중에 영합한다는 부정적 의미가 강해졌습니다.

한 걸음 더 (1)   포퓰리즘은 매력적이야

포퓰리즘을 우리말로 옮기면 보통 '대중주의'라고 합니다. 아주 똑똑하고 부유한 소수의 사람이 대중을 지배한다는 '엘리트주의'와 반대되는 말이지요. 포퓰리즘 이라는 개념은 19세기 후반 러시아와 미국에서 일어난 농민운동에서 비롯되었습 니다. 그 후 정치사상으로 발전해 세계 여러 지도자들에게 영향을 끼쳤지요. 과거 에는 대중을 위한 정책을 만들고, 대중의 지지를 얻기 위해 노력한다는 생각이 보 편적이지 않아 포퓰리즘에 매력을 느꼈습니다.

한 걸음 더 (2)   나라를 위기에 빠뜨린 지도자

포퓰리즘을 부정적으로 보는 사람들은 종종 아르헨티나의 후안 페론 전 대통령 에 관해 이야기합니다. 그는 대통령이 되자 노동자들의 지지를 얻기 위해 지나치 게 임금을 올리고 무분별한 복지 정책을 펼쳐 국가 경제를 어렵게 만들었지요. 그 사례는 눈앞의 인기를 좇아 대중에 영합하려는 포퓰리즘의 부작용을 잘 보여줍니 다.

나의 생각메모

○

○

○

○

어느 쪽 손을 들어줄까 고민이네

찬성과 반대 의견이 팽팽히 맞설 때가 있습니다. 그와 같은 상황은 법을 만들고 나랏일을 살피는 국회에서도 벌어지지요. 만약 국회에서 어떤 안건에 대해 투표했는데 찬성표와 반대표가 똑같이 나왔다면 어떻게 해야 할까요?

그런 경우 각 나라는 2가지 방식 중 하나로 투표 결과를 확정합니다. 우선 우리나라 국회는 찬성표와 반대표가 똑같을 경우 부결되었다고 판단하지요. 그 안건에 대해 '찬성' 의견이 절반을 넘지 못했다고 보는 것입니다.

대한민국 헌법 제49조가 그 원칙을 밝히고 있습니다. 내용을 옮겨보면 '국회는 헌법 또는 법률에 특별한 규정이 없는 한 재적 의원 과반수의 출석과 출석 의원 과반수의 찬성으로 의결한다. 가부동수일 때에는 부결된 것으로 본다.'입니다. 가부동수가 바로 찬성표와 반대표가 똑같다는 말이지요.

그런데 영국과 일본 의회 등에서는 의장이 결정권을 갖습니다. 그것을 '캐스팅보트'라고 하지요. 의장의 캐스팅보트에 따라 찬성과 반대가 판가름 나는 것입니다.

한 걸음 더 (1)   어디에서나 캐스팅보트

캐스팅보트라는 용어를 국회에서만 사용하는 것은 아닙니다. 이제는 결과를 확정하는 절대적인 결정권을 폭넓게 캐스팅보트라고 일컫지요. 이를테면 세력이 비슷하게 큰 2개 정당 사이에서 규모 작은 제3당이 의결에 영향을 미치는 경우에도 쓸 수 있는 용어입니다. 5명의 친구 중 마지막 한 사람의 의견에 따라 간식 메뉴가 정해질 때도, 우스갯소리로 그 친구가 캐스팅보드를 행사한다고 말할 만합니다.

한 걸음 더 (2)   조금은 복잡한 영국 의회의 캐스팅보트

영국은 양원제 국가입니다. 우리나라와 달리 의회가 상원과 하원으로 나뉘어 있지요. 양원제는 의회가 좀 더 민주적으로 운영되는 장점과 더불어 비효율이 발생하는 단점을 갖고 있습니다. 그런데 영국의 상원과 하원은 캐스팅보트 제도도 서로 다르지요. 하원 의장만 의원으로서 갖는 투표권은 없이 캐스팅보트를 행사합니다. 상원 의장은 투표권과 캐스팅보드 어느 것도 갖고 있지요.

나의 생각메모

○

○ _____

_____

○ _____

○ _____

정치 마타도어가 궁금해?

가짜 뉴스에 속지 마

일부러 사실이 아닌 내용을 퍼뜨려 상대를 어려움에 빠뜨리는 일이 있습니다. 그런 행위를 '흑색선전'이라고 하지요. 영어로 표현하면 '마타도어'입니다.

전쟁처럼 삶과 죽음이 오가는 치열한 상황이라면 그런 거짓을 전략삼아 승리를 바라기도 합니다. 하지만 일상생활에서 마타도어를 하면 비난받기 십상이지요. 사실을 조작하고 상대를 모략해서 얻은 승리는 도덕적으로 옳지 않으니까요.

그런데 정치인 중에는 자신의 이익을 위해 스스럼없이 흑색선전을 해대는 사람들이 적지 않습니다. 오죽하면 마타도어가 정치에 관련된 개념어로 쓰일까요. 흔히 마타도어를 하는 정치인은 언론을 이용합니다. 자신이 꾸민 황당한 거짓을 언론을 통해 세상에 전파하지요. 또한 오늘날에는 인터넷을 널리 사용하는 평범한 개인들이 자기도 모르게 마타도어에 힘을 보태기도 합니다. 정치인의 흑색선전에 휘말려든 네티즌들이 온라인 공간에서 그릇된 정보를 퍼 나르는 것이지요. 그러다 보면 가짜 뉴스가 곧 진짜 뉴스로 굳어버리는 안타까운 상황이 발생합니다.

한 걸음 더 (1) '죽이는 자' 마타도어

마타도어는 죄 없는 타인을 파멸로 내모는 범죄 행위입니다. 설령 법의 심판은 피한다 해도 도덕적 비난을 받아 마땅하지요. 마타도어는 붉은 망토로 황소를 유인해 칼로 찔러 죽이는 투우사를 의미하는 스페인어 '마타도르'의 영어식 발음입니다. 그 단어에는 '죽이는 자'라는 뜻도 들어 있지요. 정치 세계에서 벌어지는 마타도어는 투우장의 잔인함보다 더 큰 비극을 불러올 수 있습니다.

한 걸음 더 (2) 가짜 뉴스가 저지르는 악행

요즘은 마타도어의 의미가 담긴 '가짜 뉴스'라는 용어를 많이 사용합니다. 사실이 아닌 것을 사실인 것처럼 꾸민 뉴스를 말하지요. 가짜 뉴스는 유언비어를 퍼뜨리고 진실을 왜곡해 사회를 혼란스럽게 합니다. '거짓 선동은 한 문장으로 충분하지만 그것을 해명하려면 엄청난 양의 증거가 필요하다.'라고 합니다. 마타도어의 위력을 정의하는 말이지요. 마타도어를 위해 만들어내는 가짜 뉴스는 잔혹하기 짝이 없는 악행입니다.

나의 생각메모

다수결의 원리가 궁금해?

더 많은 사람이 바라는 대로

'다수결의 원리'를 한마디로 정의한다면, '좀 더 많은 사람이 바라는 대로 결정하는 것'입니다.

민주주의 국가에서 치르는 다양한 선거가 대표적인 사례입니다. (가), (나), (다) 세 후보를 두고 투표해 각각 45퍼센트, 35퍼센트, 20퍼센트를 득표했을 경우 가장 많은 표를 얻은 (가)를 당선자로 정하는 식이지요. 그와 같은 다수결의 원리는 선거뿐만 아니라 일상생활에도 폭넓게 이용됩니다. 학교나 회사에서 간식 메뉴를 정하거나, 여러 방법 중 하나를 선택해야 할 때 사람들의 의견이 엇갈리면 자주 다수결의 원리를 따르지요. 그것이 최대한 많은 사람의 동의를 얻는 길이니까요.

무엇보다 다수결의 원리는 민주주의를 추구하는 사회에 어울립니다. 큰 갈등이나 다툼 없이 서로 다른 여러 의견을 하나로 모을 수 있지요. 하지만 다수결의 원리가 항상 바람직한 것은 아닙니다. 그것은 자칫 소수의 의견을 무시하거나, 다수가 원한다는 이유 하나로 그릇된 결정을 내릴 위험이 있기 때문입니다.

다수의 횡포를 조심해

우리는 흔히 좀 더 많은 사람의 선택을 받은 쪽이 올바른 것, 좋은 것이라고 착각합니다. 그와 반대로 소수의 의견은 잘못된 것, 나쁜 것이라며 무시할 때가 있지요. 그러나 이미 이야기했듯 다수결의 원리에도 주의할 점이 있습니다. 그것이 곧 '다수의 횡포'로 변질될 위험을 가졌으니까요. 우리 사회의 여러 억압과 차별도 상당 부분 다수의 횡포 때문에 벌어지는 일입니다.

자율성과 평등성을 보장하는 다수결의 원리

다수결의 원리가 민주주의의 질서를 지키는 방식으로 인정받으려면 2가지 조건을 갖춰야 합니다. 첫째는 자율성의 보장입니다. 모두 자유롭게 토론하고, 어떠한 강요도 없이 자신의 의견을 드러낼 수 있어야 하지요. 아울러 평등성이 지켜져야 합니다. 나이, 직책, 성별 등에 관계없이 모두 평등한 인격체로서 자신의 생각을 밝히는 것이 가능해야 하지요. 모든 개인이 동등한 권리를 가져야 하는 것입니다.

나의 생각메모

○

○

○

○

보수와 진보가 궁금해?

안정을 좇을까, 변화를 좇을까

'보수'와 '진보'는 무엇보다 사회를 바라보는 관점에 차이가 있습니다.

보수주의자는 우리 사회가 오랫동안 다져온 기틀 위에서 국가의 발전과 국민의 복지를 이뤄가야 한다고 생각합니다. 급격한 변화보다는 기존의 사회 구조를 긍정적으로 평가하며 조금씩 달라질 것을 바라지요. 너무 빠른 사회 변화에는 큰 부작용이 따른다고 믿기 때문입니다. 그와 달리 진보주의자는 사회 개혁에 초점을 맞춥니다. 지금의 질서에 매달리기보다 낡은 관습과 가치관 등을 뜯어고쳐 사회의 기틀을 새롭게 만들고 싶어 하지요. 진보주의자는 우리 사회가 갖는 문제점에 주목해 현실에 안주하기보다 변화를 추구합니다.

따라서 보수와 진보는 정치가 지향하는 바도 다릅니다. 일반적으로 보수 정치는 자유와 성장을 좇으며, 현재의 사회 질서를 지탱하는 중산층 이상의 사람들과 기업을 위한 정책을 펼치지요. 그에 비해 진보 정치는 가난한 노동자와 장애인 등 소외받은 사람들에게 더 관심을 기울이며 평등과 분배의 가치를 주장합니다.

한 걸음 더 (1) 이것 아니면 저것, 이분법은 안 돼

앞서 보수 정치와 진보 정치의 차이를 설명했지만, 칼로 무 자르듯 완전히 구분하기는 쉽지 않습니다. 우리나라의 각 정당들만 해도 보수 정책과 진보 정책이 골고루 섞인 경우가 많지요. 또한 보수와 진보를 옳고 그름, 악과 선 같은 이분법의 시각으로 바라보는 것도 바람직하지 않습니다. 넓게 보면, 보수주의자든 진보주의자든 개인의 행복과 사회의 발전을 바라는 점은 다르지 않으니까요.

한 걸음 더 (2) 우파, 좌파라는 말도 있어

'우파'와 '좌파'는 보수와 진보에 비해 정치 이념의 성격이 강한 개념어입니다. 이념은 '이상적인 것으로 여기는 생각이나 견해'를 뜻하지요. 이를테면 자본주의와 공산주의도 이념이라고 할 수 있습니다. 대체로 우파는 보수 성향을 띠고, 좌파는 진보 성향을 갖습니다. 그러나 우파 중에도 진보주의자가, 좌파 중에도 보수주의자가 있지요.

나의 생각메모

○
○ ---
○ ---
○ ---

잠깐! 스스로 생각해봐!

■ 우리나라는 대통령제 국가입니다. 역대 대통령의 이름과 재임 기간, 각 정부의 특징을 간단히 정리해보아요.

잠깐! 스스로 생각해봐!

■ 오늘날에는 다양한 정치 문제에 대해 여론 조사를 실시하고 있습니다. 최근에 이루어진 실제 여론 조사 결과를 인터넷에 검색해 옮겨 적어 보아요.

2

우등생이 공부하는
32가지 생각 씨앗

[경제]

대한민국 경제를 지휘하는 중앙은행

한 나라의 금융 제도와 통화 정책을 주도적으로 이끌어가는 기관을 '중앙은행'이라고 합니다. 여기서 통화는 경제 활동에 이용되는 지폐, 동전, 수표 같은 모든 종류의 화폐를 말하지요. 우리나라에서 중앙은행의 역할을 하는 곳이 바로 '한국은행'입니다.

한국은행은 국민이 사용하는 화폐의 양을 조절해 경제 활동이 좀 더 활발히 이루어지게 하거나 물가를 안정시킵니다. 또한 일반 은행들이 돈을 예금하거나 필요한 돈을 빌리기도 하는 '은행의 은행'이지요. 정부 역시 세금을 거둬 한국은행에 예금해두었다가 필요할 때마다 찾아 쓰므로 '정부의 은행'이라고도 할 수 있습니다.

한국은행의 또 다른 주요 기능은 화폐 발행입니다. 우리나라의 지폐와 동전에는 모두 '한국은행'이라는 글자가 인쇄되어 있지요. 그러나 한국은행이 직접 화폐를 만들지는 않습니다. 화폐의 적절한 양과 발행 시기를 결정하는 권한을 갖지만, 실제 제작은 '한국조폐공사'에서 담당하지요.

직접 돈을 만드는 한국조폐공사

한국조폐공사는 한국은행의 결정에 따라 화폐를 직접 생산하는 공기업입니다. 공기업이란, 국가나 지방자치단체가 공공의 이익을 위해 경영하는 기업을 가리키지요. 1951년에 설립된 한국조폐공사의 화폐 인쇄는 품질과 위조 방지 기술이 세계 최고 수준이라고 합니다. 나아가 수표, 상품권, 기념주화 등을 만들 뿐만 아니라 여권, 주민등록증, 복지카드 같은 국가 신분증도 제작하지요.

한 걸음 더 (2) 다른 나라의 중앙은행 이름은?

중앙은행의 명칭에는 대부분 국가 이름이 들어갑니다. 우리나라의 한국은행처럼 말이지요. 그와 같은 예로는 프랑스의 프랑스은행, 스페인의 스페인은행, 캐나다의 캐나다은행 등이 있습니다. 러시아의 러시아연방중앙은행, 스위스의 스위스국립은행 등도 국가 이름을 포함하기는 마찬가지고요. 그런데 미국은 독특하게 '연방준비제도'라는 명칭을 사용해 눈길을 끕니다.

나의 생각메모

금리가 끼치는 영향이 어마어마해

은행에 돈을 예금하거나 은행에서 돈을 빌리면 일정 기간마다 '이자'가 붙습니다. 그렇게 원래 거래한 돈, 즉 원금에 붙는 이자를 비율로 표시한 것을 '금리'라고 하지요. 다시 말해 금리는 '이자율'이라고 표현할 수 있습니다.

금리를 직접 올리거나 내리는 곳은 은행입니다. 그런데 금리에 관한 결정에는 은행의 은행인 한국은행의 '기준금리'가 말 그대로 기준이 되지요. 중앙은행은 기준금리를 높이거나 낮춰 국민의 경제 활동과 통화 정책을 조절합니다.

금리가 변하면, 우선 일상생활에 흘러 다니는 돈의 양이 달라집니다. 금리가 높아지면 이자를 더 많이 받을 수 있어 예금이 늘고, 은행에 내야 하는 이자 부담 탓에 돈을 빌리는 대출은 줄어들지요. 그러니까 사람들이 너도 나도 대출받아 지나치게 돈을 써서 문제가 되면 금리를 올리는 것입니다. 그리고 반대로 금리를 낮추면 집을 사거나 사업하기 위해 돈을 빌리는 사람이 늘어나 경제 활동이 활발해집니다. 따라서 나라 경제가 오랫동안 활력을 잃으면 빠르게 금리를 낮추기도 하지요.

한 걸음 더 (1)   은행은 어떻게 돈을 벌까?

은행에 예금하면 이자를 붙여줍니다. 고객의 돈을 친절하게 보관해주는 것만 해도 고마운데 말이지요. 그런데 은행은 고객이 예금한 돈을 이용해 더 많은 이익을 올립니다. 대출을 원하는 고객에게 높은 금리로 그 돈을 빌려주기 때문이지요. 이를테면 예금 이자로 3퍼센트를 주고 대출 이자로 5퍼센트를 받아 2퍼센트의 이익을 올리는 식입니다. 그 밖에도 은행은 기업에 직접 투자하는 등 다양한 방법으로 돈을 벌어들입니다.

한 걸음 더 (2)   이자에도 세금이 붙는다고?

국가나 지방자치단체가 공동체 운영을 위해 국민으로부터 거두는 돈을 '세금'이라고 합니다. 흔히 '소득 있는 모든 곳에 세금이 있다.'라고 말하지요. 그러므로 우리가 은행에 예금하고 받는 이자에도 세금이 붙습니다. 만약 이자에 부과하는 세금이 10퍼센트일 경우, 1년간 100만 원을 예금하고 3퍼센트의 이자로 3만 원을 받았다면 그에 대한 3천 원의 세금을 내야 합니다.

나의 생각메모

○ --

○ --

○ --

○ --

경제 기업이 궁금해?

뛰어난 품질과 친절한 서비스가 필요해

'기업'이란, 이윤을 얻기 위해 생산 활동을 하는 조직을 일컫습니다. 여기서 '생산'이라는 말은 단지 공장에서 상품을 만드는 것만을 뜻하지 않지요. 고객이 있는 곳으로 상품을 가져가는 것, 고객을 맞이해 친절하게 서비스하는 것, 그리고 폐기물을 치우는 것 등 생산 활동은 다채롭게 이루어집니다.

기업을 규모 면에서 살펴보면 크게 '중소기업'과 '대기업'으로 구분할 수 있습니다. 중소기업은 직원 수가 5명에도 못 미치는 작은 회사부터 많게는 수백 명에 이르는 곳까지 매우 다양하지요. 직원 수가 수만 명에 이르기도 하는 대기업은 자본금, 매출액, 자산 등에서 중소기업과 큰 차이를 보입니다. 대기업과 중소기업의 기준은 사업 분야에 따라 다르게 적용되지요.

대기업은 말 그대로 대규모 생산 시설과 판매 조직을 갖추고 있는 기업을 말합니다. 우리나라의 경우 삼성, SK, 현대자동차, LG 같은 회사가 대기업이지요. 그런 기업이 세계적으로 명성을 떨치게 되면 '글로벌 기업'이라고 불립니다.

한 걸음 더 (1)　자본금, 매출액, 자산 그리고 영세기업

'자본금'은 처음 사업에 투자한 돈, '매출액'은 상품을 팔아 벌어들인 돈, '자산'은 기업이 소유하고 있는 모든 경제적 가치를 의미합니다. 아울러 중소기업을 설명하면서 '직원 수가 5명에도 못 미치는 작은 회사'라고 표현했는데, 그와 같은 기업을 경영 규모가 매우 작다고 해서 '영세기업'이라고 부르기도 합니다.

한 걸음 더 (2)　규모 말고 사업 분야로 기업 구별하기

기업 규모가 아니라 생산 활동의 성격을 기준으로 하면, 기업을 크게 '제조업'과 '서비스업'으로 구분합니다. 원료를 가공해 옷이나 신발, 자동차 따위를 만드는 것이 제조업이지요. 이를테면 섬유 회사, 조선 회사, 철강 회사 등이 제조업입니다. 그와 달리 서비스업은 눈에 보이지 않는 생산 활동을 합니다. 금융 회사, 보험 회사, 유통 회사 등이 서비스업을 하는 것이지요. 요즘 주목받는 IT기업도 서비스업이라고 정의할 수 있습니다.

나의 생각메모

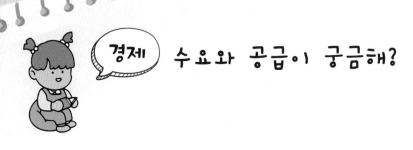

경제 수요와 공급이 궁금해?

남지 않게, 부족하지도 않게

기업이 생산 활동을 할 때 가장 주의를 기울여야 하는 것이 '수요'에 대한 예측입니다. 그래야만 적절한 양의 물품과 서비스를 고객에게 '공급'할 수 있지요. 국어사전에는 수요의 뜻이 '상품이나 노동력을 일정한 가격으로 사려고 하는 욕구'라고 나옵니다. 공급은 '요구나 필요에 따라 상품 따위를 제공함'이라고 설명되어 있지요.

상품의 경우, 만약 수요보다 공급이 지나치게 많으면 팔지 못한 재고가 쌓일 수밖에 없습니다. 그러면 상품 값이 떨어지게 되고, 창고에 보관해 관리하는 비용만 늘어나지요. 그리고 만약 수요에 공급이 미치지 못하면 더 많은 이윤을 남길 수 있는 기회를 놓치게 됩니다. 고객이 원할 때 상품과 서비스를 적절히 제공하는 것은 기업의 성장을 위해 매우 중요하지요.

수요와 공급은 상품 가격의 변화에도 큰 영향을 끼칩니다. 수요보다 공급이 많으면 상품 가격이 내려가고, 공급에 비해 수요가 커지면 상품 가격이 오르지요. 특히 농산물처럼 생활에 꼭 필요한 상품은 수요와 공급에 따른 가격 변화가 심합니다.

한 걸음 더 (1) 어디에서 상품 가격을 결정할까?

 기업에서 생산한 상품의 가격을 결정하는 곳은 '시장'입니다. 여기서 시장이란, 단지 동네에서 보는 재래시장을 일컫는 말이 아닙니다. 재래시장이든, 백화점이든, 온라인 쇼핑몰이든 수요와 공급에 따라 상품 거래가 이루어지는 모든 곳이 시장이지요. 그뿐 아니라 서비스 거래가 이루어지는 곳, 그러니까 사람들이 경제 활동을 하는 모든 공간이 시장이 될 수 있습니다.

한 걸음 더 (2) 수요 법칙과 공급 법칙

 상품 가격이 올라가면 수요량이 줄어들고, 상품 가격이 내려가면 수요량이 늘어나는 것을 '수요 법칙'이라고 합니다. 이때 가격과 수요량은 반비례 관계지요. 상품 가격이 올라가면 공급량이 늘어나고, 상품 가격이 내려가면 공급량이 줄어드는 것을 '공급 법칙'이라고 합니다. 이때 가격과 공급량은 비례 관계지요. 설명이 어렵나요? 국어사전에서 반비례와 비례의 뜻을 찾아보면 이해에 도움이 됩니다.

나의 생각메모

○ --

○ --

○ --

○ --

경제

고용과 실업이 궁금해?

일자리가 늘어야 실업자가 줄지

노동자가 일한 대가로 받는 돈을 '임금'이라고 합니다. 임금을 목적으로 일자리를 구해 회사 등에 나가는 것을 '취업'이라고 하지요.

그런데 요즘은 근무 환경이 좋은 곳에 취업하기 쉽지 않아 사회 문제가 되고는 합니다. 해마다 학업을 마친 수십 만 명의 졸업생이 쏟아져 나오는데 일자리는 별로 늘어나지 않고 있지요. 오히려 경제 상황이 나빠지고 산업 시설의 자동화가 이루어지면서 일자리가 줄어드는 업종도 적지 않은 형편입니다.

취업에 있어 가장 중요한 것은 기업의 존재와 성장입니다. 결국 기업이 일자리를 만들어 직원을 채용하니까요. 그것을 '고용'이라고 하는데, 기업의 경영 상황이 좋아져 생산 활동이 활발해야 일자리가 늘어납니다.

'실업'은 기꺼이 일하려는 의욕은 있는데 그럴 기회조차 갖지 못하거나 일자리를 잃은 상태를 말합니다. 실업이 늘어나면 개인의 살림살이가 어려워지고, 빈부 격차가 커지는 등 국가 경제에 악영향을 끼쳐 사회 불안이 심해집니다.

한 걸음 더 (1) 경제활동인구, 비경제활동인구

우리나라에서는 만 15세 이상이 되면 경제 활동이 가능하다고 봅니다. 그 가운데 돈을 벌기 위해 일하고 있거나 일자리를 찾는 사람들을 '경제활동인구'라고 하지요. 경제활동인구는 다시 현재 일하고 있는 '취업자'와 적극적으로 일자리를 찾지만 실업 상태인 '실업자'로 구분합니다. 만 15세 이상 중 취업하지 않거나 일할 계획이 없는 학생 같은 사람들은 '비경제활동인구'라고 하지요.

한 걸음 더 (2) 실업자의 생활을 돕는 실업급여

실업은 개인에게만 안타까운 일이 아닙니다. 실업자 비율이 지나치게 높으면 사회에 활력이 사라지고 각종 범죄가 늘지요. 그래서 우리나라는 1996년부터 '실업 급여'라는 고용 보험 제도를 실시해 왔습니다. 정부, 사업자, 노동자가 공동으로 비용을 부담해 뜻하지 않게 일자리를 잃은 사람들을 지원하지요. 그렇게 실업자는 수개월 정도 사회의 도움을 받으며 새 일자리를 찾게 됩니다.

나의 생각메모

○ --

○ --

○ --

○ --

보이지 않는 손이 궁금해?

가만 두면 알아서 잘해요

18세기 경제학자 애덤 스미스가 걸작 『국부론』을 썼습니다. 그 안에 유명한 경제 이론인 '보이지 않는 손'에 관한 내용이 나오지요. 예를 들어 설명해보겠습니다.

△피자집이 값비싼 재료를 쓰면서 2만 원이던 피자 가격을 2만5,000원으로 올렸습니다. 많은 손님이 곧 ○피자집으로 옮겨 갔지요. 좋은 재료를 사용하는 줄 알았지만 가격이 부담스러웠던 겁니다. ○피자집은 피자가 2만2,000원이었거든요. 그러자 △피자집 주인은 고민 끝에 가격을 다시 2만2,000원으로 조정했습니다. 손님들의 발걸음을 돌리기 위해 이윤이 낮아지는 것을 감수했지요.

아담 스미스는 피자집 주인의 '이기심'이 피자 가격을 2만2,000원으로 낮췄다고 보았습니다. 자신의 이익을 좇는 이기심은 누구에게나 있지요. 아담 스미스는 그와 같은 논리로 국가가 국민 경제에 일일이 간섭할 필요가 없다고 말했습니다. 사람들이 만들고 싶은 만큼 만들고, 팔고 싶은 가격으로 팔게 가만 두어도 이기심에서 비롯된 보이지 않는 손이 저절로 균형을 잡게 한다고 주장했지요.

한 걸음 더 (1)   『국부론』에 대해 좀 더 알고 싶어

 애덤 스미스는 1723년 영국에서 태어난 경제학자입니다. 그는 경제학 연구의 고전으로 손꼽히는 『국부론』을 통해 국가의 부가 어떻게 증가할 수 있는지 설명했지요. 애덤 스미스는 그 책에서 자유 경쟁의 중요성과 더불어 부를 쌓는 근본이 노동이며, 노동의 생산력을 개선해야 부가 더욱 늘어난다고 강조했습니다. 『국부론』 덕분에 오늘날 그는 '경제학의 아버지'로 불리지요.

한 걸음 더 (2)   애덤 스미스의 사상이 자유방임주의라고?

 개인에게 경제 활동의 자유를 보장하고, 국가의 개입을 최대한 억제하는 경제 정책을 '자유방임주의'라고 합니다. 애덤 스미스는 '법을 위반하지 않는 한 모든 사람은 자신의 방법으로 자신의 이익을 좇도록 완전한 자유가 주어져야 한다.'라고 주장했지요. 사실 『국부론』에는 그가 국가의 역할을 이야기한 내용도 일부 있는데, 사람들은 특별히 자유방임주의에 주목했습니다.

나의 생각메모

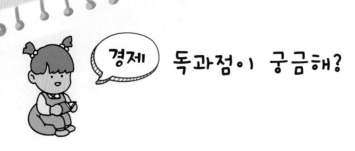

경제 독과점이 궁금해?

경쟁이 없어서 문제야

 자본주의 국가의 경제가 발전하는 가장 큰 이유는 '경쟁'을 하기 때문입니다. 남보다 부지런히 일해서 성공하고 싶은 마음, 다른 회사보다 품질 좋은 상품을 만들어 더 많은 고객에게 박수 받고 싶은 마음……. 그런 가운데 경제가 활기를 띠지요.

 때때로 지나친 경쟁은 우리가 사는 세상을 삭막하게 만들기도 합니다. 하지만 경쟁 상대가 없는 기업은 고객을 무시하기 십상이지요. 기업이 고객을 우습게 알다 보면 결국 상품의 품질이 떨어지고, 가격도 터무니없이 비싸게 매기는 등 횡포를 일삼게 됩니다. 그래서 대부분의 나라에서는 기업의 '독과점'을 금지하지요.

 독과점이란, '독점'과 '과점'을 합쳐 부르는 경제 용어입니다. 독점은 말 그대로 경쟁 상대가 전혀 없는 상태를 일컫지요. 과점은 독점보다는 상황이 낫지만, 역시 경쟁 상대가 거의 없는 경우이고요. 독과점이 되면 고객은 가격과 품질을 따져 상품을 선택할 자유를 잃게 됩니다. 또한 품질 낮은 상품을 비싼 값에 살 수밖에 없는 어처구니없는 사태도 벌어지지요.

한 걸음 더 (1) 경쟁은 너무 지나쳐도 문제야

기업들이 경쟁하면 상품의 품질이 좋아지고 가격은 내려갑니다. 하지만 항상 장점만 있는 것은 아니지요. 여러 기업이 생산과 판매에 도가 지나친 '과당경쟁'을 벌이다 보면 심각한 부작용이 나타납니다. 과당경쟁은 우선 수요에 비해 공급이 너무 많아지는 문제를 일으킵니다. 눈앞의 이익만 좇느라 노동 환경도 나빠지지요. 그러다 보면 결국 기업들의 경영 상태가 함께 어려워집니다.

한 걸음 더 (2) 공정거래위원회가 하는 일

우리나라 정부 기관 중에 '공정거래위원회'라는 곳이 있습니다. 공정거래위원회는 독과점을 방지해 기업들이 공정하고 자유로운 경쟁을 벌이도록 돕는 것이 설립 목적이지요. 다시 말해 기업들 사이의 자유로운 경쟁에 공정성을 높이는 역할을 담당하며, 기업들의 잘못된 부당 행위로부터 소비자를 보호합니다.

나의 생각메모

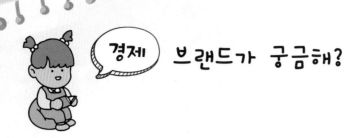

브랜드가 궁금해?

품질이 같아도 가치는 달라

비슷한 품질의 운동화인데 어느 것은 5만 원이고, 또 다른 것은 20만 원이라고 합니다. 두 상품의 가격 차이는 왜 생기는 걸까요? 바로 '브랜드' 때문입니다. 브랜드는 한마디로 '상표'를 의미하지요. 그것은 어떤 기업이나 기업의 제품을 구별하는 데 필요한 명칭과 디자인 등을 일컫습니다.

브랜드의 독창성과 경제적 권리는 법으로 보호받습니다. 다른 기업에서 함부로 자기 것처럼 사용하지 못하지요. 그래서 모든 기업은 저마다 자신들의 브랜드 가치를 높이기 위해 끊임없이 노력합니다. 때로는 비싼 로열티를 주고 인기 있는 브랜드를 빌려와 사용하기도 하지요. 로열티란, 상대방이 소유하고 있는 브랜드 등을 사용하는 대가로 지불하는 비용을 말합니다.

브랜드의 힘은 상상을 초월합니다. 한번 고객들의 머릿속에 새겨진 브랜드는 상품의 가치를 결정하는 데 굉장히 큰 영향을 끼치게 마련이지요. 설령 다른 기업에서 더 좋은 품질의 상품을 개발한다고 해도 고객들은 쉽게 마음을 바꾸지 않습니다.

무엇이 세계 최고의 브랜드일까?

 인터브랜드는 주요 브랜드에 관해 조사하고 연구하는 회사입니다. 그곳에서는 해마다 전 세계 기업의 브랜드 가치 순위를 발표하지요. 그 내용을 살펴보면 최근 들어 글로벌 100대 브랜드에 애플, 아마존, 마이크로소프트, 구글 등이 가장 앞자리를 차지합니다. 그리고 다음 순위로 대한민국의 삼성전자, 코카콜라, 토요타 등이 이어지지요. 그 밖에 우리나라의 현대자동차가 30위권에 자리합니다.

세계적 브랜드를 가장 많이 가진 나라는?

 인터브랜드는 글로벌 100대 브랜드를 많이 소유한 나라의 순위도 발표합니다. 그것은 곧 세계 각국의 경제력을 살펴보는 또 하나의 기준이 되지요. 지난 2021년 조사에 따르면, 글로벌 100대 브랜드를 가장 많이 가진 나라는 미국이었습니다. 100개 중에 무려 52개나 됐지요. 그 다음은 프랑스 10개, 독일 9개, 일본 7개, 영국 4개였습니다. 우리나라는 스웨덴 이탈리아와 함께 3개였지요.

나의 생각메모

경제 마케팅이 궁금해?

더 잘 만들고 더 잘 팔아야지

상품이나 서비스를 생산하고 나면 기업이 할 일은 끝나는 걸까요? 그렇지 않습니다. 상품과 서비스를 고객에게 유통시키는 중요한 일이 남아 있지요. 그 일과 관련된 모든 기업 활동을 '마케팅'이라고 합니다.

마케팅은 단순히 상품이나 서비스의 판매를 의미하지 않습니다. 수요를 예측해 생산량을 조절하고, 시장 조사로 가격을 결정하고, 어떤 판매 방식으로 생산품을 유통시킬지 판단하는 것이 전부 마케팅에 포함됩니다. 그뿐 아니라 경쟁 회사를 연구하고, 신제품 개발과 디자인 변화 등에 참여하는 것도 마케팅이라고 할 수 있지요. 결국 기업과 상품의 브랜드 가치를 높이는 모든 수단이 마케팅인 셈입니다.

오늘날 마케팅은 기업의 생존과 성장에 결정적인 역할을 합니다. 기술이 발달할수록 기업마다 상품의 품질에는 큰 차이가 없어지지요. 그래서 점점 생산 자체보다 어떻게 고객에게 상품을 알리고 효율적으로 판매하는가에 따라 기업의 승부가 판가름 나고 있습니다.

한 걸음 더 (1) 이런 마케팅 저런 마케팅

 마케팅이 갈수록 중요해지는 만큼 세상의 여러 분야와 깊이 연관되고 있습니다. 경제는 말할 것 없고 정치, 문화, 스포츠 등으로 폭넓게 영역을 넓혀가고 있지요. 그래서 마케팅은 웬만한 수식어를 다 붙일 만큼 종류가 아주 다양해졌습니다. 예를 들어 감성 마케팅, 날씨 마케팅, 시간 마케팅, 컬러 마케팅, 스포츠 마케팅, 인터넷 마케팅 등 그 수를 일일이 헤아리기 어려울 정도지요.

한 걸음 더 (2) 스포츠 마케팅 전성시대

 스포츠 팀이나 운동선수를 후원해 기업과 상품을 알리는 '스포츠 마케팅'이 점점 주목받고 있습니다. 프로야구 팀을 운영하거나 유명한 축구 팀 유니폼에 기업의 브랜드를 새기는 것이 그 사례지요. 스포츠 마케팅은 곧 엄청난 광고 효과 등으로 나타나기 때문에 올림픽이나 월드컵 같은 세계적인 행사에는 기업들이 수십억, 수백억 원에 달하는 후원금을 기꺼이 지불합니다.

나의 생각메모

○ --

○ --

○ --

○

프랜차이즈가 궁금해?

똑같은 이름을 가진 매장이 참 많네

오늘날 맥도날드는 햄버거 업계에서 최고의 자리에 올랐습니다. 전 세계 매장의 1년 매출액이 우리 돈으로 26조 원에 달하고, 기업의 경제적 가치도 208조 원이나 되는 패스트푸드 업계의 제왕이지요.

그럼 맥도날드는 어떻게 회사를 키웠을까요? 바로 '프랜차이즈' 방식이었습니다. 프랜차이즈란, 같은 기업의 상표와 로고를 쓰면서 그 기업의 통제 아래 공통된 상품을 판매하는 것을 말합니다. 직접 고객을 맞이해 상품을 판매하는 소매점 조직을 늘려가는 형태가 일반적이지요.

프랜차이즈 기업의 역사는 미국에서 20세기 초부터 시작되었습니다. 하지만 1955년에 프랜차이즈 사업을 시작한 맥도날드가 진정한 개척자로 손꼽히지요. 그 뒤 맥도날드는 1967년부터 전 세계로 사업을 확장했습니다. 그 결과 지금은 120여 개 나라에 3만 7,000개 안팎의 프랜차이즈 매장을 연 엄청난 규모로 성장했지요. 하루에 맥도날드 매장을 찾는 고객 수만 해도 6,900만 명에 이른다고 합니다.

대한민국의 프랜차이즈 역사

지금 우리 사회에는 편의점과 커피 판매점 등 매우 다양한 업종의 프랜차이즈 산업이 발달했습니다. 최근 통계에 따르면, 우리나라의 프랜차이즈 산업 전체 시장 규모가 이미 100조 원대를 넘었다고 하지요. 대한민국의 프랜차이즈 역사는 1979년으로 거슬러 올라갑니다. 맥도날드처럼 패스트푸드를 판매하는 '롯데리아'가 첫 걸음을 떼었지요.

빅맥 지수가 있다고?

전 세계 맥도날드 매장에서는 '빅맥'이라는 공통된 메뉴를 판매합니다. 따라서 그 햄버거 가격을 달러로 환산해보면 각 나라의 물가 수준을 비교할 수 있지요. 그것을 일컬어 '빅맥 지수'라고 합니다. 1986년부터 영국의 경제 전문 잡지 『이코노미스트』가 매년 두 차례씩 결과를 발표하지요. 이를테면 스위스의 빅맥 값이 대만보다 2배 넘게 비싸므로 그곳의 생활 물가가 매우 높다고 판단하는 식입니다.

나의 생각메모

○ ---
○ ---
○ ---
○ ---

주식이 궁금해?

주식 많이 가진 사람이 회사의 주인이야

'주식'이란 어느 기업에 돈을 투자했다는 것을 확인해주는 증명서입니다. 투자자를 '주주'라고 하는데, 주주는 투자한 돈만큼 주식을 받고 기업의 경영 성과에 따라 이익을 나누지요. 경영 성과가 좋으면 가지고 있는 주식만큼 주주의 이익이 늘어나고, 반대의 경우에는 그만큼 손해를 보게 됩니다.

흔히 기업이 성장하면 주식 시장에 회사를 공개합니다. 여기서 공개한다는 것은 주식을 발행해 사업 자금을 모으고, 그것을 자유롭게 거래한다는 의미지요. 주식 시장은 전문적으로 주식의 발행과 매매를 담당하는 곳입니다. 주식 시장에 기업을 공개하면 수시로 회사 가치를 평가받게 됩니다.

자본주의 국가에서 주식 시장은 매우 중요한 역할을 합니다. 주식 시장에 공개된 기업은 주주들의 돈으로 사업 규모를 더욱 키울 수 있지요. 또한 주주들의 응원과 감시 속에 합리적인 경영, 투명한 경영을 하게 되고요. 주주들 입장에서도 좋은 기업에 투자해 발전을 돕고 경제적 이익을 얻는다는 기쁨이 있습니다.

한 걸음 더 (1) 기업을 주식 시장에 공개하는 이유

기업이 일일이 주주를 모집하기는 어렵습니다. 예를 들어 50억 원의 투자금을 모으는데, 한두 명의 투자자에게 그렇게 큰돈을 구하기는 힘들지요. 설령 거액의 투자자가 나선다 해도 자칫 기업의 소유권을 빼앗길 염려가 있어 좋아할 일만은 아닙니다. 그보다는 1,000명이 500만 원씩 또는 1만 명이 50만 원씩 투자하도록 하는 편이 바람직하지요. 그런데 기업이 직접 수많은 투자자를 모집할 수는 없어 주식 시장을 통해 회사를 공개하는 것입니다.

한 걸음 더 (2) 오늘 주가는 오를까, 내릴까

'주가'는 주식 시장에서 거래되는 주식의 가격을 말합니다. 한 기업의 가치를 나타내는 주가는 시시때때로 가격이 달라지지요. 주주들은 쉼 없이 바뀌는 주가에 따라 이익을 보거나 투자금을 잃게 됩니다. 주식 시장에서는 매일 전체 기업의 주가가 평균적으로 얼마나 오르고 내렸는지 알 수 있게 '주가 지수'도 발표하지요.

나의 생각메모

○ --

○ --

○ --

○ --

인수합병이 궁금해?

기업의 생존과 성장을 위해서라면

기업은 경영 환경의 변화에 대응하기 위해 '인수합병'의 길을 선택하고는 합니다. 인수합병을 영어로 표현하면 '엠앤에이(M&A)'라고 하지요.

'인수'와 '합병'의 뜻은 다릅니다. 인수는 다른 기업을 사들인 다음 해체하지 않고 별도의 회사로 둔 채 관리하는 것이지요. 그와 달리 합병은 상대 기업을 해체해 자기 회사 조직의 일부로 흡수하는 것입니다. 그 경우 기업과 기업이 합쳐져 새로운 기업으로 탄생하기도 하지요.

넓은 의미로 보면, 인수합병은 기업들이 힘을 모아 어려운 경제 현실을 극복하려는 노력입니다. 기업들이 서로의 도움을 절실히 원해 이루어지지요. 하지만 이따금 힘센 기업이 약한 기업을 집어삼키는 나쁜 방법으로 이용되기도 합니다.

근래 들어 기업의 인수합병에는 국경이 따로 없습니다. 어느 날 우리나라 기업과 미국 기업이 한 식구가 될 수 있지요. 또한 상대적으로 규모가 작은 두 기업이 인수합병을 통해 하루아침에 그 업종에서 최고의 자리에 올라서기도 합니다.

한 걸음 더 (1) 인수합병의 효과가 알고 싶어

 인수합병에 성공하면 무엇보다 기업의 규모가 커져 강력한 경쟁력을 갖추게 됩니다. 같은 업종의 기업끼리 힘을 합쳐 경쟁 회사들을 물리치는 효과를 발휘하지요. 때로는 한순간에 글로벌 기업으로 인정받아 사람들의 이목을 끌기도 합니다. 기업의 규모가 커지면 원료를 구입하거나 상품을 유통할 때도 좀 더 유리한 위치에 설 수 있습니다.

한 걸음 더 (2) 인수합병의 또 다른 효과는 뭘까?

 인수합병의 또 다른 효과는 새로운 분야에 쉽게 진출할 수 있다는 것입니다. 예를 들어 전자회사를 설립해 통신 사업을 하려면 시설 등에 엄청난 투자를 해야 되지요. 경쟁력 높은 기술을 갖추려면 돈뿐만 아니라 오랜 시간 경험도 쌓아야 하고요. 그런데 이미 사업을 벌이고 있는 기존의 통신회사를 인수합병하면 그와 같은 문제를 한꺼번에 해결하는 것이 가능합니다.

나의 생각메모

기업 경영의 전문가는 따로 있지

기업에는 창업주가 있습니다. 창업주란 그 기업을 만들어 성공을 일군 사람, 다시 말해 기업의 소유자를 일컫는 말이지요. 어떤 기업의 초기 성장과 발전에 창업주의 능력은 굉장히 중요합니다.

하지만 기업의 규모가 자꾸 커지면 창업주의 능력만으로 경영하기는 점점 어려워집니다. 하루가 다르게 변하는 사업 환경에 적응하려면 전문적인 경영 능력을 갖춘 사람이 필요하지요. 창업주 혼자 "내가 최고야!"라는 고집을 부리다가는 하루아침에 회사가 망할지도 모릅니다.
그런 까닭에 오늘날 많은 기업이 '전문경영인'에게 경영을 맡깁니다. 그러니까 기업의 소유와 기업의 경영을 분리하는 것이지요.

전문경영인은 경영에 관한 전문적인 지식과 경험으로 기업의 앞날에 희망을 제시합니다. 날이 갈수록 치열해지는 기업들의 생존 경쟁 속에 전문경영인의 필요성은 더욱 커질 수밖에 없습니다. 무슨 일이든 전문가의 손길은 다른 법이니까요.

소유경영인과 전문경영인

 최근 통계에 따르면, 우리나라 대기업 대표 5명 중 4명은 '전문경영인'이라고 합
니다. 창업주나 그 가족이 직접 회사를 경영해오던 '소유경영인' 문화에 큰 변화
가 생겼지요. 그러나 두 가지 경영 방식 중 어느 한쪽에 일방적인 장점만 있는 것
은 아닙니다. 아무래도 창업주와 그 가족이 회사에 대한 애정은 더 클 테니까요.
다만 애정보다 전문성이 중요하다고 판단하는 경우가 늘어난 것입니다.

내 꿈은 최고경영자가 되는 거야

 '최고경영자(CEO)'는 말 그대로 기업에서 최고의 결정권을 가진 사람을 가리킵
니다. 보통 회장이나 사장, 대표로 불리는 사람을 최고경영자라고 할 수 있지요.
소유경영인과 전문경영인 모두 최고경영자 역할을 하는 것이 가능합니다. 예를
들어 마이크로소프트의 빌 게이츠는 창업자이면서 최고경영자였고, 한때 애플을
이끌었던 존 스컬리는 전문경영인 출신 최고경영자였습니다.

나의 생각메모

- ○ ---
- ○ ---
- ○ ---
- ○ ---

노동조합이 궁금해?

서로 이해하고 배려하면 다툴 일이 없지

 기업의 경영자와 직원들은 모두 같은 배를 탄 사람들입니다. 좋을 때는 함께 기쁨을, 나쁠 때는 함께 슬픔을 나눠야 하지요. 그런데 기업의 경영자와 직원들은 종종 갈등상태에 놓이고는 합니다. 경영자는 직원들이 회사를 위해 좀 더 희생해야 된다고 말하고, 직원들은 경영자가 좀 더 나은 대우를 해줘야 한다고 주장하지요.

 그러므로 경영자와 직원들은 서로의 입장을 이해하기 위해 자주 대화를 나눠야 합니다. 이때 직원들은 '노동조합'을 만들어 기업의 경영자와 협상을 벌이지요. 노동조합은 기업의 직원들, 다시 말해 노동자가 단결하여 노동 환경 개선과 임금 인상 등을 실현할 목적으로 만드는 단체입니다.

 우리나라 헌법 제33조는 노동자의 권리에 관한 '노동3권'을 밝히고 있습니다. 과거에는 경영자가 노동자의 일방적인 희생을 강요할 때가 많았지요. 하지만 이제는 경영자와 노동자가 운명 공동체라는 인식이 우리 사회에 폭넓게 뿌리내렸습니다. 노동조합을 통한 노동자의 권리 향상은 민주주의의 발전에도 도움이 됩니다.

한 걸음 더 (1)   노동3권에 대해 좀 더 자세히

헌법 제33조가 명시하는 노동3권은 노동자의 권리를 보장하기 위한 세 가지 원칙입니다. 그것은 노동자가 노동조합을 설립할 수 있는 권리인 '단결권', 노동자가 경영자와 협상할 수 있는 권리인 '단체교섭권', 노동자가 자신들의 이익을 위해 집단행동을 할 수 있는 '단체행동권'이지요.

한 걸음 더 (2)   노동자가 단체행동권을 행사하는 방법

노동자는 경영자와 협상하는 과정에서 자신들의 요구사항을 더욱 강력히 표현하기 위해 단체행동권을 내세울 때가 있습니다. 대개 '파업', '태업', '보이콧'의 방법으로 이루어지지요. 파업은 노동자가 모든 업무를 일제히 멈추는 행위입니다. 태업은 파업과 달리 업무를 계속 진행하지만 일부러 생산성을 낮춰 경영자에게 맞서는 행위지요. 마지막으로 보이콧은 기업 상품에 대한 불매 운동 등을 부추겨 경영자의 이익 실현을 방해하는 행위입니다.

나의 생각메모

경제 외채가 궁금해?

국가도 빚을 질 때가 있어

사람들이 경제 활동을 하다 보면 여러 가지 이유로 돈을 빌려야 할 때가 있습니다. 집을 사려고 은행에서 대출을 받기도 하고, 급히 돈이 필요해 친구에게 빌리기도 하지요. 물론 되도록 빚을 지지 않고 살아가는 편이 바람직합니다. 빚은 언젠가 되돌려 줘야 하는 돈이고, 이자까지 물어야 하니까요.

그런데 적절히 빚을 지는 편이 괜찮은 선택인 경우도 있습니다. 그렇게 마련한 돈으로 더 큰 경제적 이익을 얻을 수 있다면 말이지요. 개인만 필요에 따라 돈을 빌리는 것은 아닙니다. 국가도 다른 나라로부터 돈을 빌리지요. 그처럼 국가가 다른 나라에 진 빚을 '대외채무', 줄여서 '외채'라고 합니다. 외채도 지혜롭게 활용한다면 국가 발전에 큰 도움이 되지요. 우리나라 역시 한창 경제 개발을 할 무렵 부족한 돈을 외국에서 빌려와 도로를 내고 공장을 세웠으니까요.

하지만 외채를 들여온 모든 국가가 긍정적 결과를 낳은 것은 아닙니다. 아르헨티나 같은 나라는 도저히 외채를 갚을 능력이 없다고 전 세계에 선언하기도 했지요.

한 걸음 더 (1)　아르헨티나의 디폴트 선언

다른 국가로부터 외채를 들여왔다가 갚지 않는 상태를 '디폴트'라고 합니다. 나라와 나라 사이의 채무 불이행, 즉 어떤 이유로든 빚을 갚지 못하는 것이지요. 아르헨티나는 역사상 9번이나 디폴트를 선언했습니다. 다른 나라에 사정해서 외채를 가져와놓고 번번이 돈 없어 못 갚는다며 뒤로 나자빠지는 상황이 되어버린 것입니다. 그러다 보면 국가 신용도가 크게 하락하게 마련이지요.

한 걸음 더 (2)　디폴트보다는 나은 모라토리움

디폴트와 비슷한 경제 용어로 '모라토리움'이 있습니다. 외채에 대한 지불 유예를 의미하지요. 디폴트가 '빚 상환 포기'라면 모라토리움은 '빚 상환 연기'쯤 됩니다. 좀 가볍게 표현해 디폴트가 "나 돈 없어. 마음대로 해!" 하는 것이라면, 모라토리움은 "지금은 돈이 없어. 나중에 빚 갚을 테니까 기다려줘." 하는 것이지요.

나의 생각메모

○

○

○

○

외환보유고가 궁금해?

국가도 저축이 많으면 마음이 든든해

한 국가가 가지고 있는 외화의 합계를 '외환보유고'라고 합니다. 여기서 외화란 미국의 달러화를 중심으로 유럽연합의 유로화, 일본의 엔화, 중국의 위안화 등 주요 외국의 화폐를 일컫는 말이지요.

외화는 주로 기업들이 수출을 통해 벌어오게 됩니다. 기업들이 벌어온 외화를 자기 나라 돈으로 바꾸면, 중앙은행은 그 외화를 사들여 차곡차곡 쌓아두지요. 그것이 다름 아닌 한 국가의 외환보유고가 되는 것입니다.

외환보유고는 국가의 재산이자 비상금이라고 할 수 있습니다. 정부는 자기 나라에 필요한 물품이 외국에 있을 때 보유한 외화로 사들이고는 하지요. 외국에 물품 값을 지불하려면 달러같이 신용도 높은 국가의 화폐를 사용해야 하기 때문입니다.

그러므로 가정에 저축이 중요하듯 국가도 항상 충분한 외환보유고를 유지해야 합니다. 나아가 금고에 쌓아두는 것으로 그치지 않고, 전문가들의 의견에 따라 전 세계 주요 사업에 투자해 국가의 부를 늘려가는 편이 바람직합니다.

대한민국의 외환보유고는 얼마?

지난 1997년 우리나라는 흔히 '국제통화기금(IMF) 사태'라고 하는 심각한 경제 위기를 겪었습니다. 당시 대한민국 정부의 외환보유고는 겨우 30~40억 달러 정도밖에 되지 않았지요. 그 후 우리나라는 가까스로 경제 위기를 극복하고 나서 외환보유고를 끌어올리기 위해 노력해왔습니다. 그 결과 최근 몇 년 동안 대한민국의 외환보유고는 4천500억 달러 안팎을 오르내리는 수준에 이르렀지요.

한 걸음 더 (2)   어느 나라의 외환보유고가 가장 많을까?

1997년의 경제 위기는 우리나라만 겪은 것이 아니었습니다. 그 사태를 계기로 특히 아시아 국가들이 외환보유고의 중요성을 깨달았지요. 그래서 요즘은 외환보유고 세계 순위에 대부분 아시아 국가들이 이름을 올리고 있습니다. 2022년 통계에 따르면 1위 중국, 2위 일본, 3위 스위스였지요. 대한민국을 비롯해 인도, 대만, 홍콩, 싱가포르도 10위권에 올랐습니다.

나의 생각메모

○

○ --

○ --

○ --

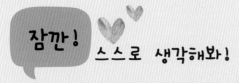

잠깐! 스스로 생각해봐!

■ 대한민국은 세계적인 기업들을 보유한 국가입니다. 우리나라를 대표하는 10대 기업을 조사해 무엇이 주력 사업인지 알아보아요.

■ 여러분이 생각하는 세계 최고의 브랜드 10개를 적어보아요. 그리고 여러분이 사는 동네에 어떤 프랜차이즈 상점들이 있는지 알아보아요.

매일매일 달라지는 돈의 가치

'환율'이란, 두 나라 화폐 사이의 교환 비율을 말합니다. 전 세계 주요 국가의 화폐는 환율로 저마다의 가치를 평가받지요. 예를 들어 우리나라 원화와 미국 달러화의 가치도 매일 달라져 두 화폐의 교환 비율이 어느 날은 1,100원이 1달러이고, 또 어느 날은 1,200원이 1달러로 달라집니다.

환율의 변화는 양면성을 띱니다. 환율이 1달러당 1,200원에서 1,100원으로 바뀌어 우리 돈의 가치가 높아지면 흔히 미국으로 수출하는 상품이 줄어들게 되지요. 반면에 미국에서 수입하는 상품은 늘어나고요. 왜냐하면 달러로 계산할 때 우리나라 상품은 값이 올라가고 미국 상품은 값이 내려가는 효과를 보이기 때문입니다. 또 외국에 자녀를 유학 보낸 가정이라면 실제로 지불하는 학비가 줄어들게 됩니다. 만약 학비가 1만 달러라면 환율이 1,200원일 때 우리 돈 1,200만 원을 보내야 하고 환율이 1,100원일 때 1,100만 원만 보내도 되기 때문이지요. 그와 달리 환율이 1달러당 1,100원에서 1,200원으로 바뀌어 우리 돈의 가치가 낮아지면 정반대 현상이 나타납니다.

두 가지 종류의 환율 제도

환율 제도에는 수시로 환율이 변하는 '변동 환율 제도'와 정부에서 일정하게 환율을 정하는 '고정 환율 제도'가 있습니다. 우리나라를 비롯한 세계 주요 국가들은 대부분 변동 환율 제도를 시행하지요. 대표적인 고정 환율 제도 국가로는 홍콩을 예로 들 수 있습니다. 그 밖에 중국이 독특하게 변동 환율 제도와 고정 환율 제도를 섞어놓은 형태입니다.

왜 무역할 때 달러를 사용할까?

20세기 이후 세계 최고의 경제 강국은 미국입니다. 미국의 화폐 단위가 바로 '달러'지요. 그래서 세계 각국은 상품을 수출하거나 수입하면서 달러를 '기축통화'로 삼습니다. 가장 신뢰도 높은 화폐가 달러라는 의미지요. 국가 간 결제와 금융 거래의 기본이 되는 기축통화. 한때는 영국의 파운드화가 그 역할을 했습니다. 달러 역시 기축통화 지위를 계속 보장받는 것은 아니지요.

나의 생각메모

자유무역이 궁금해?

자유롭게 경쟁해야 실력이 늘지

자본주의는 개인과 기업의 자유로운 경쟁을 보장합니다. 경쟁 속에 합리적인 가격이 결정되고, 좀 더 나은 품질의 상품을 생산하지요. 경쟁의 자유가 보장되지 않으면 자본주의는 성장을 멈출 수밖에 없습니다.

그와 같은 원리는 국가와 국가 사이의 무역에도 비슷하게 적용됩니다. '자유무역'이 이루어져야 서로에게 부족한 자원과 상품을 원활히 나눌 수 있지요. 아울러 서로의 발전에 자극받아 경제 성장에 더욱 힘을 쏟게 됩니다.

자유무역이란 국가 간 무역에 관세 같은 규제를 없애는 것입니다. 외국에서 수입하는 상품에 붙이는 세금을 관세라고 하지요. 적절한 관세는 국내 산업을 보호하지만, 그것이 지나치면 수입품을 소비하는 국민에게 큰 부담이 됩니다.

물론 자유무역이 국민 모두에게 혜택을 주는 것은 아닙니다. 외국에서 들여오는 상품과 서비스 때문에 어려움을 겪는 사람들이 있게 마련이니까요. 후진국의 경우 국내 산업의 경쟁력이 약해 그 뿌리가 송두리째 흔들릴 염려도 있습니다.

한 걸음 더 (1)　자유무역의 반대는 보호무역

국내 산업의 기반이 약할 경우, 정부에서는 대개 관세를 많이 붙여 외국산 상품의 경쟁력을 깎아내리는 '보호무역' 정책을 펼칩니다. 관세가 붙은 수입품은 가격이 높아질 수밖에 없고, 그러면 소비자들이 국내에서 생산되는 상품을 구매하게 되니까요. 나아가 아예 특정 상품의 수입을 제한하는 방법도 있습니다. 그런 정책은 보다 적극적인 보호무역이라고 할 수 있지요.

한 걸음 더 (2)　세계무역기구와 자유무역협정

자본주의가 뿌리내린 세계 각국은 교역을 늘리기 위해 여러 노력을 기울이고 있습니다. 1995년에 자유무역을 지향하는 '세계무역기구(WTO)'를 설립하고 나서, 국가 간의 관세 장벽을 허무는 '자유무역협정(FTA)'을 활성화했지요. 현재 세계무역기구 가입 국가는 160개국이 넘습니다. 그 나라들은 필요에 따라 다른 나라들과 직접 자유무역협정도 맺고 있습니다(자유무역협정은 '세계 개념어'에서 자세히 설명함).

나의 생각메모

다국적기업이 궁금해?

그 회사 상품은 어느 나라에나 있어

구글, 코카콜라, 애플, 나이키, 도요타, 샤넬, 스타벅스, 네슬레……. 모두 세계적인 기업입니다. 수많은 나라에서 그 회사들의 상품을 접하게 되지요. 그런 기업을 가리켜 '다국적기업'이라고 합니다. 우리나라의 삼성전자나 현대자동차 같은 기업도 어느덧 세계인이 인정하는 다국적기업으로 성장했지요.

다국적기업은 세계 여러 나라에 본사의 지배 아래 있는 자회사나 공장 시설 등을 갖추고 생산 및 판매 활동을 합니다. 다국적기업은 외국에 진출할 때 대부분 그 나라 국적의 제조 공장이나 판매 회사를 만들지요. 하지만 회사를 경영하거나 상품을 생산해 판매하는 과정은 철저히 본사에서 마련한 지침을 따릅니다. 다시 말해 자금과 인재, 기술을 통제하면서 해외 시장을 넓혀가지요.

자칫 다국적기업은 시장을 장악해 다른 나라의 산업 발전을 가로막을 수 있습니다. 그럼에도 다국적기업의 진출을 무조건 막는 것은 점점 어려워지고 있지요. 다국적기업이 공장을 세워 일자리를 만드는 등 긍정적인 면도 있기 때문입니다.

한 걸음 더 (1)   지속 가능한 개발이 필요해

 다국적기업은 종종 비판의 대상이 되고는 합니다. 그중 하나가 생산 시설을 만든 다른 나라의 환경을 파괴한다는 지적이지요. 기업 활동의 이윤은 대부분 다국적 기업이 챙기고, 그 과정에 빚어지는 부작용은 공장을 세운 후진국이 감당한다는 것입니다. 그래서 등장한 것이 '지속 가능한 개발'이지요. 후진국을 이용만 하지 말고, 기술과 이익을 나눠 함께 잘 사는 세상이 되도록 해야 한다는 요구입니다.

한 걸음 더 (2)   다국적기업과 세계의 공장

 앞서 이야기한 대로, 다국적기업은 경제 개발이 뒤처진 후진국에 생산 시설을 세우는 경우가 많습니다. '개발도상국'이라고도 부르는 그 나라들은 인건비가 싸고 환경 규제가 적어 다국적기업이 이윤을 높이기 안성맞춤이지요. 그중에서도 다국적기업의 진출이 활발한 중국은 오랫동안 '세계의 공장'으로 불려왔습니다. 그리고 뒤이어 베트남과 인도 등이 또 다른 세계의 공장으로 주목받고 있습니다.

나의 생각메모

경제 정보기술이 궁금해?

공상과학을 현실로 만들어줄게

'정보기술'은 영어로 '인포메이션 테크놀로지(Information Technology)'라고 합니다. 흔히 머리글자만 따서 '아이티(IT)'라고 하지요. 요즘은 정보기술과 떼어놓고 생각할 수 없는 통신기술(Communication)까지 포함해 '정보통신기술', 영문 머리글자로 '아이씨티(ICT)'라고 표현하는 경우가 많습니다.

정보기술은 인터넷, 이동통신, 컴퓨터, 소프트웨어, 멀티미디어 등 정보화 사회에 필요한 모든 기술을 통틀어 일컫는 말입니다. 일찍이 인류가 발전시켜 온 자동차, 철강, 조선 산업 등과는 여러모로 다르지요. 정보기술은 단순히 공장을 세우고 사람들의 노동력을 쏟아부어 눈에 보이는 제품을 생산하는 것이 아닙니다.

언뜻 정보기술은 허무맹랑한 공상과학처럼 여겨지기도 합니다. 하지만 그런 정보기술이 밑받침된 산업은 곧 우리 사회가 지금까지와 비교할 수 없는 획기적인 발전을 이루게 하지요. 정보기술은 경쟁이 매우 치열한 산업입니다. 끊임없이 새로운 기술을 개발하지 않으면 금세 뒤처져 기업의 존재 자체가 위태롭게 됩니다.

한 걸음 더 (1) 유비쿼터스 시대가 열렸다고?

뉴스에서 종종 '유비쿼터스'라는 용어를 접할 때가 있습니다. 그 말은 물이나 공기같이 '언제 어디에나 존재한다.'라는 뜻입니다. 그러니까 직장이든 가정이든, 산이든 바다든 어디에서나 정보기술을 이용해 더없이 편리한 일상생활을 한다는 의미지요. 본격적인 유비쿼터스 시대가 되면 단지 스마트폰뿐만 아니라 자동차와 가전제품, 심지어 안경과 옷 등에도 다양한 정보기술이 더해집니다.

한 걸음 더 (2) 정보기술 관련 용어 몇 가지 더 익히기

• 인공지능(AI) - 학습, 지각, 추리 등 인간의 지능을 실현하는 컴퓨터 시스템.
• 가상공간 - 컴퓨터에 의해 '현실'이 아닌 '가상'으로 만들어진 세상.
• 전자상거래 - 인터넷을 통해 상품을 거래하고 서비스를 제공하는 것.
• 멀티미디어 - 음성, 문자, 그림, 동영상 등이 혼합된 다양한 매체.
• 소셜네트워크서비스(SNS) - 온라인으로 사람들 사이의 소통을 돕고 정보 관리를 도와주는 서비스.

나의 생각메모

경제협력개발기구가 궁금해?

선진국이면 책임감도 가져야지

 1961년, 또 하나의 국제기구인 '경제협력개발기구(OECD)'가 설립되었습니다. 선진국들이 서로 협력해 지속적인 경제 발전을 이루려는 목적으로 만들었지요. 아울러 여러 차별을 없애 무역이 좀 더 활발하게 이루어지도록 하고, 후진국에 대한 지원을 늘리는 것도 중요한 목적이었습니다.

 경제협력개발기구 설립 당시 회원국은 유럽의 18개 국가와 미국, 캐나다뿐이었습니다. 하지만 1990년대에 접어들면서 한국, 그리스, 멕시코 등이 참여해 회원국이 30개 나라로 늘어났지요. 그 후 회원국 수가 하나둘 더 증가해 2020년대에 접어들어서는 38개국이 되었습니다.

 그래서일까요. 이제 경제협력개발기구 회원국에는 아직 선진국이라고 할 수 없는 몇몇 나라들도 가입해 있습니다. 이를테면 헝가리, 콜롬비아, 코스타리카 등이 그렇지요. 따라서 설립 당시의 성격이 많이 옅어져, 지금은 미국 중심의 세계 질서에 협력하는 국가들의 모임 정도로 보는 시각이 강합니다.

한 걸음 더 (1) 대한민국도 경제협력개발기구 회원국

1996년 12월, 우리나라 경제 발전에 또 한 번 의미 있는 일이 있었습니다. 당시에는 국가 경제가 안정적으로 발전한 나라들만 회원국이 될 수 있었던 경제협력개발기구(OECD)에 가입한 것이지요. 아시아에서는 일본에 이어 두 번째였고, 전 세계에서도 29번째 회원국이었습니다. 그것은 대한민국이 마침내 개발도상국에서 벗어나 선진국 문턱에 다다랐다는 증거나 다름없었지요.

한 걸음 더 (2) 후진국 지원을 위해 만든 개발원조위원회

선진국들이 경제협력개발기구를 설립한 목적에 대해서는 이미 설명했습니다. 그 가운데 '후진국에 대한 지원'이 있었는데, 경제협력개발기구는 그 목적을 위해 산하 기관으로 '개발원조위원회(DAC)'를 만들었지요. 개발원조위원회는 열심히 경제 성장 중인 국가들을 지원해 발전을 돕는 것이 주요 역할입니다. 우리나라도 적극 참여해 여러 개발도상국에 힘을 불어넣고 있지요.

나의 생각메모

○
○ ---
○ ---
○ ---

석유수출국기구가 궁금해?

석유 값이 들썩이면 세계 경제가 휘청휘청

석유 값이 너무 올라 세계 경제가 큰 타격을 받는다는 뉴스를 이따금 접합니다. 석유를 전부 수입해서 쓰는 나라일수록 유가, 즉 석유 값에 민감하게 반응하지요.

가만히 주위를 둘러보면, 석유 없이 할 수 있는 경제 활동이 별로 없습니다. 공장에서 상품을 생산하든, 사람들이 차를 타고 어디로 이동하든, 농부들이 농사를 짓든 석유는 반드시 필요합니다. 농부들이 농사를 짓는데 왜 석유가 필요하냐고요? 석유가 아니라면 무엇으로 농기계를 돌리겠어요? 그러므로 석유 값이 오르면 물가도 오르게 마련입니다. 그만큼 생산비가 늘어나니까요. 전기세, 수도세 같은 세금은 말할 것 없고 교통비와 음식 값 등도 줄줄이 오르게 되지요.

그처럼 중요한 석유의 생산량을 결정해 가격 변동을 주도하는 조직이 바로 '석유수출국기구(OPEC)'입니다. 사우디아라비아, 이란, 이라크, 베네수엘라, 나이지리아 등 14개 산유국이 회원으로 가입해 있지요. 그들이 석유 정책을 결정할 때마다 전 세계의 이목이 집중됩니다.

오펙(OPEC)만 있어? 오펙플러스(OPEC+)도 있지!

 석유수출국기구(OPEC)의 힘이 막강하지만, 그렇다고 모든 산유국이 회원으로 가입한 것은 아닙니다. 미국, 러시아, 멕시코, 말레이시아, 오만, 카자흐스탄 등은 상당한 양의 석유를 생산하면서도 석유수출국기구에 가입하지 않았지요. 대신 그 나라들은 '석유수출국기구플러스(OPEC+)'를 결성해 또 다른 세력을 만들었습니다. 그들은 기존의 석유수출국기구와 협의를 통해 석유 생산량 등을 결정하지요.

석유 양을 재는 단위, 배럴

 '석유 값이 올라 1배럴에 50달러가 됐다.'라는 식의 뉴스를 보게 됩니다. 여기서 '배럴'은 석유의 양을 나타내는 단위지요. 옛날에는 나무로 만든 둥근 통에 술 같은 액체를 넣어 운반했는데, 석유도 다르지 않았습니다. 그래서 그 나무통 하나에 담기는 석유의 양을 1배럴이라고 해온 것이지요. 석유 1배럴을 미터법 단위로 계산하면 158.9리터라고 합니다.

나의 생각메모

국민총소득이 궁금해?

우리가 이만큼 잘살게 됐구나

한 국가가 얼마만한 경제력을 가졌는지 어떻게 알 수 있을까요?

우선 '국내총생산(GDP)'을 살펴보면 됩니다. 국내총생산이란, 한 나라의 영토 안에서 1년 동안 발생한 경제 가치의 합계를 의미하지요. 우리나라에서 외국인 노동자나 외국 기업이 생산해낸 경제 가치도 대한민국의 국내총생산에 포함됩니다.

또 다른 방법으로는 '국민총소득(GNI)'을 따져볼 수 있습니다. 국민총소득은 외국에서 활동하는 경우를 비롯해 한 나라의 국민이 생산해낸 모든 경제 가치를 더한 것이지요. 영토보다 국적이 중요하므로, 국내에서 발생한 외국인의 경제 가치는 제외합니다. 국민총소득을 인구수로 나누면 '1인당 국민총소득'이 되지요.

국내총생산을 보면 한 국가의 경제 규모를 쉽게 파악할 수 있습니다. 하지만 그 나라 국민의 평균적인 생활수준을 가늠하기는 어렵지요. 그에 비해 국민총소득을 계산한 다음 전체 국민 수로 나누면 개개인의 평균적인 경제력이 잘 드러납니다.

국민총생산이라는 개념도 있어

과거에는 '국민총생산(GNP)'이라는 용어를 자주 사용했습니다. 그 역시 국내외에서 우리나라 사람이나 우리 기업이 생산해낸 모든 경제 가치를 의미했지요. 그런데 기업과 노동자의 해외 진출이 활발해지면서 국민총생산의 정의가 모호해지고 정확성이 낮아졌습니다. 대신 국민총소득(GNI)이 주목받기 시작했지요. 얼핏 비슷해 보이는 개념이지만, 환율 같은 교역 조건의 차이를 반영하는 국민총소득이 더 효율적인 통계 지표라고 합니다.

한 걸음 더 (2)   1인당 국민총소득에 보이지 않는 것

1인당 국민총소득을 보면 국민 개개인의 평균적인 경제력을 알 수 있다고 설명했습니다. 따라서 그 수치가 높은 나라일수록 선진국이라고 할 만하지요. 하지만 1인당 국민총소득이 높다고 해서 반드시 전체 국민의 생활수준이 여유로운 것은 아닙니다. 바로 빈부격차 때문이지요. 진정한 선진국은 경제 양극화가 심하지 않습니다.

나의 생각메모

엥겔지수가 궁금해?

요즘 음식 값이 너무 많이 올랐어

가정의 전체 소비 중에서 식료품비가 차지하는 비율을 '엥겔지수'라고 합니다.

식료품은 누구에게나, 어느 가정에나 꼭 필요한 필수품입니다. 소득 수준과 상관없이 반드시 소비할 수밖에 없는 재화이면서, 아무리 부자라도 일정 금액 이상은 소비하지 않는 재화이기도 하지요. 재화란, 사람이 생활하면서 바라는 바를 충족시켜주는 모든 상품을 말합니다.

좀 쉽게 설명해볼까요? 가난한 사람도 쌀을 사고 간단한 반찬 한두 가지는 만들어 먹어야 합니다. 당연히 돈이 들지요. 부자는 가난한 사람에 비해 훨씬 고급스런 재료로 만든 음식을 먹을 것입니다. 하지만 그렇다고 해서 가난한 사람보다 더 많이 먹거나 날마다 백 배, 천 배 값비싼 요리를 사지는 않습니다.

따라서 엥겔지수를 살펴보면 가정의 생활수준을 비교해볼 수 있습니다. 소득이 높아질수록 전체 소비에서 식료품비가 차지하는 비율은 낮아지니까요. 다시 말해 부유한 가정은 엥겔지수가 낮고, 가난한 가정은 엥겔지수가 높습니다.

한 걸음 더 (1) 누가 엥겔지수를 만들었지?

 1857년, 엥겔지수를 처음 생각해낸 사람은 독일 통계학자 에른스트 엥겔입니다. 그는 개별 가정의 소비 행태에 관심이 깊었는데, 연구를 진행하던 중 저소득 가정일수록 전체 소비에서 식료품비가 차지하는 비율이 높다는 사실을 발견했지요. 고소득 가정은 반대였고요. 그 후 오늘날까지 엥겔지수는 다양한 사회 연구에 이용될 만큼 중요한 의미를 갖습니다.

한 걸음 더 (2) 식료품비는 엥겔, 주거비는 슈바베

 1868년, 또 다른 독일 통계학자 헤르만 슈바베는 가정의 소비에서 주거비가 차지하는 비율에 대해 연구했습니다. 그 역시 소득이 낮을수록 주거비 지출 비율이 높고, 소득이 높을수록 그와 반대라는 결론을 내렸지요. 그것을 각각 수치로 나타낸 것이 '슈바베지수'입니다. 그때 계산하는 주거비에는 집세뿐만 아니라 다양한 세금과 관리 비용 등이 모두 포함됩니다.

나의 생각메모

기회비용이 궁금해?

선택하려면 포기해야 돼

'가'와 '나' 중에 하나를 선택해야 하는 순간이 있습니다. 만약 '가'를 선택한다면 '나'를 포기해야 하지요. 그 경우 '나'는 '가'를 얻기 위한 '기회비용'이 됩니다.

기회비용은 어떤 선택을 함으로써 포기해야 하는 다른 선택의 가치를 일컫습니다. 사람들은 보통 돈과 시간, 재능 등에 한계가 있어 자신에게 주어지는 모든 기회를 가질 수 없지요. 그래서 가장 효율적이거나 마음이 끌리는 것을 선택하게 되는데, 그것은 동시에 다른 무엇의 포기를 의미합니다.

그러므로 기회비용은 한마디로 '선택의 대가'인 셈입니다. 기업이 합리적인 경영을 하려면 겉으로 드러나는 비용뿐만 아니라 눈에 보이지 않는 기회비용까지 계산할 줄 알아야 하지요. 어떤 선택의 순간, 그 때문에 포기해야 하는 다른 가치에 대해서도 생각해봐야 슬기로운 의사결정을 할 수 있다는 말입니다.

흔히 기회비용은 주관적 가치라고 합니다. 정답이 없다는 것이지요. 개인이나 기업이 무엇을 선택하는 것은 자유이며, 그에 따른 기회비용을 감수해야 합니다.

한 걸음 더 (1)　새로운 개념어의 탄생, 기회비용

　기회비용에 관한 이론은 이미 18세기부터 몇몇 학자들이 이야기해왔습니다. 그 중 프랑스 경제학자 프레데릭 바스티아는 '보이지 않는 것'이라는 표현으로 지금의 기회비용과 같은 내용을 설명했지요. 그 후 1914년 오스트리아 경제학자 프리드리히 폰 비저가 자신의 책 『사회경제이론』을 통해 처음으로 '기회비용'이라는 개념어를 사용했습니다.

한 걸음 더 (2)　다시 되돌리는 것이 불가능한 매몰비용

　기회비용과 함께 알아두면 좋은 개념어로 '매몰비용'이 있습니다. 기회비용의 경우, 만약 선택 단계에서 결정을 바꾸면 대체로 그 비용을 회수할 수 있지요. 그와 달리 매몰비용은 선택을 번복하면 회수할 수 없는 비용을 가리킵니다. 기업이 연구 개발에 투자하는 돈을 예로 들 수 있지요. 그 경우 연구 개발을 중지해도 회수할 수 없는 비용이 발생하는데 그것을 매몰비용이라고 합니다.

나의 생각메모

인플레이션이 궁금해?

요즘은 하루가 다르게 물가가 오르네

사람들은 종종 "물가가 너무 가파르게 올라서 생활하기 힘들어!" 하고 불평합니다. 그와 같이 대부분의 상품 가격이 지속적으로 빠르게 올라 화폐 가치가 급락하는 경제 현상을 '인플레이션'이라고 하지요.

1920년대 초, 독일에는 100조 마르크짜리 화폐가 있었습니다. 하지만 그 가치는 별것 아니었지요. 그 무렵 독일에서는 빵 한 조각 값이 800억 마르크에 달했으니까요. 당시 독일의 상황은 전쟁 후유증 때문이었지만, 어느 시대나 인플레이션이 발생하면 국민들의 살림살이가 몹시 어려워지게 마련입니다.

인플레이션은 주로 공급에 비해 수요가 훨씬 많을 때, 상품 생산 비용이 크게 늘어날 때 발생합니다. 중앙은행의 화폐량 조절 실패도 주요 원인이고요.

인플레이션이 오랫동안 이어지면 너무 높은 상품 가격 탓에 수출도 잘 이루어지지 않습니다. 오히려 상대적으로 값싼 수입 상품이 쏟아져 들어와 무역수지를 적자로 만들지요. 또한 화폐 가치가 자꾸 낮아져 사람들이 저축을 망설이게 됩니다.

한 걸음 더 (1)　인플레이션이 아니라 디플레이션

　인플레이션과 달리, 화폐 유통량이 줄어 그 가치가 오르고 물가가 계속 낮아지는 현상이 있습니다. 그것을 '디플레이션'이라고 하지요. 언뜻 물가가 자꾸 내려가는 것이 좋은 점만 있는 듯하지만, 기업의 생산성에는 나쁜 영향을 끼치게 됩니다. 또한 집값도 지나치게 하락하고, 사람들은 물가가 더 싸질 것을 기다려 소비를 줄이지요. 그러다 보면 기업 경영에 문제가 생겨 일자리가 줄어들고 가정 경제가 어려움에 빠집니다.

한 걸음 더 (2)　무역수지에 관한 보충 설명

　'무역수지'는 일정 기간 외국으로 수출한 상품 금액과 외국에서 수입한 상품 금액의 차이를 말합니다. 흔히 한 나라의 국제적 산업 경쟁력을 상징하는 수치로 이용되지요. 또한 한 국가의 경제 상황을 살필 수 있는 중요한 자료이기도 하고요. 무역수지는 수출이 더 많은 경우 '흑자', 수입이 더 많은 경우 '적자'라고 표현합니다.

나의 생각메모

신용등급이 궁금해?

신용 높은 사람이 되고 싶어

현대 사회는 경제 활동을 하는 데 무엇보다 신용을 중요하게 생각합니다. 신용이 높아야 현금 없이 카드를 쓸 수 있고, 대출 받아 사업을 벌일 수도 있지요. 신용은 단지 개인을 넘어 기업과 국가를 평가하는 절대적인 기준으로 자리 잡았습니다.

그와 같은 사회 변화에 따라 만들어진 것이 '신용등급'입니다. 간단히 설명하면, 돈을 빌린 채무자가 돈을 빌려준 채권자에게 얼마나 원금과 이자를 잘 갚을까 평가해 등급을 매기는 것이지요. 개인이든 기업이든 신용등급이 높아야 더 많은 돈을 더 좋은 조건으로 빌려 자신의 이익을 위해 투자할 수 있습니다. 국가도 신용등급이 높아야 해외 투자자들이 더욱 관심을 가질 테고요.

그럼 어디에서 신용등급을 결정할까요? 우선 개인의 신용은 공인받은 몇몇 개인신용평가회사에서 평가합니다. 마찬가지로 우리나라에는 기업의 신용등급을 결정하는 여러 신용평가회사들이 활동하고 있지요. 또한 국가의 신용등급은 글로벌 신용평가회사들이 담당합니다.

한 걸음 더 (1) 　글로벌 신용평가회사들이란?

국가의 신용을 평가하는 대표적인 글로벌 신용평가회사에는 '무디스', '피치', '스탠더드앤푸어스'가 있습니다. 모두 100년 넘게 명성을 쌓아왔는데, 세 곳의 시장 점유율을 합치면 무려 95퍼센트에 이른다고 하지요. 글로벌 신용평가회사에서는 경제성장률, 외환보유고, 기업과 금융의 경쟁력, 국민 소득 수준, 인플레이션, 정치적 안정성 등을 두루 평가해 국가 신용등급을 결정합니다.

한 걸음 더 (2) 　금융 거래를 할 수 없는 신용불량자

금융 거래를 하다가 정당한 이유 없이 약속한 대로 빚을 갚지 못하면 '신용불량자'가 됩니다. 얼마 전부터는 그 용어를 '금융 채무 불이행자'라고 바꿔 부르고 있지요. 그 정보는 은행을 비롯한 모든 금융 회사들이 공유해 신용카드를 만들거나 대출을 받는 것이 불가능해집니다. 금융 채무 불이행자가 지나치게 늘어나면 국가 경제가 활력을 잃고 사회도 불안에 빠질 수 있지요.

나의 생각메모

○

○

○

○

최저임금제가 궁금해?

노동자에게 이 정도 임금은 줘야지

대한민국 헌법 제32조에는 '법률이 정하는 바에 의하여 최저임금제를 시행하여야한다.'라는 내용이 있습니다. 노동자를 고용한 개인이나 회사가 일정 금액 이상의 임금을 반드시 보장하도록 한 것이지요. '최저임금제'는 저임금 노동자의 생활을 안정시키고, 그런 변화를 통해 노동력의 질적 향상을 꾀하는 것이 목적입니다.

우리나라는 1988년부터 본격적으로 최저임금제를 실시했습니다. '최저임급법'을 따로 만들어, 해마다 고용노동부 최저임금위원회에서 사용자와 노동자 대표 등의 협의를 거쳐 적정한 임금을 결정하지요. 여기서 사용자란, 노동자를 고용한 개인이나 회사를 말합니다.

최저임금위원회에서 협의한 최저임금액은 이듬해 1월 1일부터 12월 31일까지 효력이 발생합니다. 최저임금제는 꼭 시간급을 밝히도록 규정하고 있지요. 그런 이유로 "최저임금위원회에서 내년도 최저임금액을 시간당 1만 원으로 결정했습니다."라는 식의 뉴스를 듣게 되는 것입니다.

한 걸음 더 (1) 최저임금제의 양면성

최저임금제는 무엇보다 노동자의 기본적인 생활을 보장하는 데 효과가 있습니다. 그러나 최저임금제에 긍정적인 면만 있는 것은 아니지요. 소규모 자영업자들의 인건비 부담이 증가하고, 물가를 높여 오히려 실업자나 저임금 노동자의 삶이 힘겨워지기도 합니다. 또한 최저임금액이 오르는 것 이상으로 고임금 노동자의 급여가 올라 소득 분배 효과가 사라지기도 하지요.

한 걸음 더 (2) 최저임금제 대신 생활임금제

'생활임금제'는 노동자의 가정이 인간다운 삶을 살 수 있도록 물가상승률 등을 감안해 최저임금보다 조금 높은 수준의 소득을 약속하는 제도입니다. 최저임금제처럼 법률에 따라 정부가 주관하는 것은 아니고, 노동자가 소속된 일부 지방자치단체에서 실시하는 최저 생활비 보장 차원의 임금 체계지요. 2013년 경기도 부천시에서 처음 시작한 뒤 지금까지 약 30퍼센트의 지방자치단체가 동참했습니다.

나의 생각메모

○ ---

○ ---

○ ---

○ ---

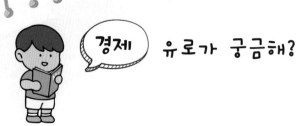

경제 유로가 궁금해?

여러 나라에서 똑같은 화폐를 사용한대

우리나라의 화폐 단위는 '원'입니다. 그래서 우리 돈을 '원화'라고 합니다. 그처럼 세계 각국은 고유의 화폐를 갖고 있지요. 화폐 단위로 살펴보면 미국 '달러', 일본 '엔', 중국 '위안', 인도 '루피', 베트남 '동', 태국 '바트', 멕시코 '페소', 사우디아라비아 '리알', 브라질 '헤알' 등입니다.

그런데 앞으로도 계속 각 나라가 서로 다른 화폐를 사용할지는 알 수 없습니다. 세계 경제가 점점 더 얽히고설켜 마치 한 나라처럼 상품이 오가며, 사람들이 제 나라인 양 외국을 드나들고 있으니까요.

이미 유럽의 많은 나라들은 '유럽연합(EU)'을 만들어 화폐를 통일했습니다. 그 전에 유럽에서는 프랑스 '프랑', 독일 '마르크', 이탈리아 '리라', 네덜란드 '길더', 스페인 '페세타' 등의 화폐 단위를 사용했지요. 하지만 2002년 6월 1일부터 그와 같은 각 나라의 화폐 사용을 중지했습니다. 그 대신 대부분의 유럽연합 국가에서는 '유로(Euro)'로 통일한 지폐와 동전만 쓸 수 있게 바뀌었지요.

한 걸음 더 (1) 유로를 읽는 발음은 제각각

유로는 유럽연합의 공식적인 통일 화폐입니다. 그런데 유럽인들이 그것을 읽고 쓰는 원칙은 나라마다 다르지요. 흔히 우리가 유로라고 하는 것은 영어식 발음일 뿐입니다. 독일 사람들은 유로를 '오이로'라고 합니다. 프랑스에서는 '외로', 스페인에서는 '에우로'라고 하지요. 이탈리아 사람들도 '에우로'라고 하고요. 그 밖에 포르투갈에서는 '에우루', 네덜란드에서는 '외로', 불가리아에서는 '에브로'라고 발음합니다.

한 걸음 더 (2) 유로를 찍어내는 권한을 갖는 곳은?

유럽연합이 화폐를 통일하면서 각 회원국의 중앙은행은 힘을 모아 '유럽중앙은행'을 설립했습니다. 독일 프랑크푸르트에 위치한 그곳에서 유로의 발행 시기와 양을 결정하고, 유로를 사용하는 유럽연합의 경제 정책을 관리하지요. 유럽중앙은행을 만들 때 많은 자본금을 낸 국가는 독일, 프랑스, 이탈리아, 스페인 순입니다.

나의 생각메모

○

○ --

○ --

○ --

경제 브릭스가 궁금해?

이제 곧 우리의 시대가 올 거야

브라질, 러시아, 인도, 중국, 남아프리카공화국의 영문 머리글자를 따서 연결하면 '브릭스(BRICS)'가 됩니다. 미국, 유럽연합, 한국, 일본 등과 더불어 앞으로 세계 경제를 이끌어갈 것으로 예상되는 주요 국가들이지요. 처음에는 4개국이었다가 남아프리카공화국이 더해져 브릭스로 불리고 있습니다.

브릭스 5개국은 1990년대 말부터 빠른 경제 성장을 거듭하며 주목받기 시작했습니다. 그 나라들은 몇 가지 공통점이 있지요. 무엇보다 넓은 국토와 엄청난 인구를 자랑합니다. 5개국을 합치면 세계 인구의 40퍼센트가 넘을 정도지요. 따라서 브릭스는 노동력이 부족할까봐 걱정할 필요가 없습니다. 설령 수출이 줄더라도 자기 나라에서 적지 않은 물량을 소비할 수도 있지요. 또한 풍부한 천연자원을 지녀 경제 대국으로 성장할 수 있는 기초가 아주 튼튼합니다.

브릭스는 국가 규모에 비해 아직 구매력이 크지는 않습니다. 그럼에도 브릭스의 시장성과 잠재력은 대단해 전 세계가 브릭스와 좋은 관계를 맺으려고 노력합니다.

브릭스의 국토 면적과 인구 수

브릭스 국가 중 러시아의 땅 넓이는 세계 1위입니다. 뒤이어 중국의 국토 면적이 세계 4위, 브라질 5위, 인도 7위지요. 인구 수는 중국이 세계 1위, 인도 2위, 브라질 5위, 러시아 9위입니다. 인도의 인구는 머지않아 중국을 초월할지 모를 수준이지요. 그에 비해 남아프리카공화국은 국토 면적과 인구 수가 각각 세계 24위 정도지만 누가 뭐래도 아프리카 대륙의 강국이라고 할 만합니다.

브릭스의 또 다른 공통점

브릭스 5개국은 몇 가지 공통점을 가졌는데, 모두 긍정적인 면만 있는 것은 아닙니다. 넓은 국토 면적과 많은 인구, 풍부한 천연자원 못지않게 이런저런 사회 문제를 안고 있지요. 낮은 인권 의식, 환경 파괴, 독재, 부정부패, 극심한 빈부격차 등은 브릭스가 갖고 있는 고민거리들입니다. 거기에 더해 인종 갈등, 민족 갈등, 정치 혼란 등도 브릭스가 하루빨리 해결해야 할 과제입니다.

나의 생각메모

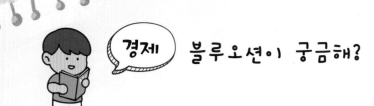

경제 블루오션이 궁금해?

푸른 바다로 나아가는 개척자

　지난 2005년, 한 권의 책이 나와 순식간에 세계적인 베스트셀러가 됐습니다. 그 책은 프랑스 유럽경영대학원의 김위찬 교수와 르네 마보안 교수가 함께 집필한 『블루오션 전략』이었지요.

　두 저자는 경제 시장을 '블루오션'과 '레드오션'으로 구분했습니다. 우리말로 옮기면 '푸른 바다'와 '붉은 바다'쯤 되겠지요. 여기서 블루오션은 경쟁이 없는 새로운 시장, 레드오션은 이미 치열한 경쟁이 벌어지고 있는 기존의 시장을 의미합니다.

　『블루오션 전략』의 두 저자는 블루오션, 그러니까 아직 경쟁자들이 없는 무경쟁 시장을 개척하라고 강조했습니다. 그러는 편이 치열한 경쟁에서 승리하기 위해 지나친 투자를 하는 것보다 낫다는 견해였지요. 블루오션을 찾아야 비용도 덜 들고 차별화된 전략으로 기업의 발전을 이룰 수 있다는 뜻이었습니다.

　블루오션이라는 개념은 무한 경쟁에만 몰두하던 경영자들에게 신선한 충격을 안겨주었습니다. 우리나라의 많은 기업들도 곧 새로운 경영 전략으로 받아들였지요.

틈새시장이 블루오션일까?

이미 시장이 형성되어 있기는 한데 미처 경쟁자들이 주목하지 못한 빈틈을 '틈새시장'이라고 합니다. 그런 경우 기업은 대개 특정한 소비자들을 대상으로 하는 마케팅을 펼치게 되지요. 흔히 틈새시장을 블루오션이라고 생각하지만 두 개념에는 분명한 차이가 있습니다. 예를 들어 틈새시장이 '가, 나, 다, 라'에서 남들이 소홀히 여기는 '라'를 보는 것이라면 블루오션은 아예 새로운 'A'를 찾는 것입니다.

레드오션은 무서워

붉은 바다라는 표현에서 어떤 느낌을 받나요? 드넓은 생명의 바다가 아니라 피로 물든 죽음의 바다가 떠오르지 않나요? 말 그대로 레드오션은 출혈 경쟁도 마다하지 않는 살벌한 시장을 일컫습니다. 너무 다툼이 치열해 손해를 무릅쓰면서까지 가격 경쟁, 광고 경쟁, 서비스 경쟁을 펼치지요. 그러다 보면 경쟁에서 승리하고도 회사가 어려움에 빠지는 어처구니없는 상황이 벌어지기도 합니다.

나의 생각메모

경제 베블런 효과가 궁금해?

● 명품은 하루가 다르게 가격이 오르네

사람들의 소비 심리에 가장 큰 영향을 끼치는 것은 가격이라고 할 수 있습니다. 상품의 품질이 기대를 충족시켜도 가격이 비싸면 잘 팔리지 않지요. 반대로 품질에 비해 가격이 싸다고 느끼면 소비자의 수요가 눈에 띄게 늘어납니다.

그런데 그와 같은 경제 원리가 항상 예외 없이 적용되는 것은 아닙니다. 가격이 비쌀수록 소비자의 구매 욕구를 더 불러일으키는 경우가 있지요. 명품 소비를 예로 들수 있는데, 상품의 효용 가치보다 훨씬 높은 가격을 붙여도 소비자는 흔쾌히 지갑을 엽니다. 그처럼 상품의 가격이 비쌀수록 수요가 늘어나는 현상을 '베블런 효과'라고 하지요.

베블런 효과가 발생하는 첫 번째 원인은 과시욕입니다. 그때의 소비자는 합리적인 소비 대신 남들보다 우월감을 갖기 위해 값비싼 사치품을 거리낌 없이 사들이지요. 그리고 그런 상품의 가격이 올라갈수록 구매자가 더 늘어나는 기이한 현상도 나타납니다. 경제적 상류층뿐만 아니라 일부 서민들도 과소비에 나서기 때문입니다.

밴드왜건 효과는 뭘까?

베블런 효과는 미국 출신 경제학자 소스타인 베블런의 저서를 통해 널리 알려진 개념어입니다. 그는 자신의 책에서 '상류층의 두드러진 소비는 사회적 지위를 과시하기 위해 자각 없이 행해진다.'라고 말했지요.

하지만 과시적 소비가 상류층에만 한정된 이야기는 아닙니다. 처음에는 일부 부유층이나 연예인 등이 시작하지만 곧 서민들의 모방 소비로 이어지지요. 그런 현상을 가리켜 '밴드왜건 효과'라고 합니다.

파레토 법칙도 알아볼까?

'파레토 법칙'은 일명 '20 대 80 법칙'이라고 합니다. 상위 20퍼센트 계층이 전체 부의 80퍼센트를 갖고 있다거나, 상위 20퍼센트의 손님이 전체 매출의 80퍼센트를 올려준다는 의미로 쓰이지요. 그와 반대 개념어는 '롱테일 법칙'인데, 80퍼센트의 평범한 다수가 20퍼센트의 뛰어난 소수보다 더 큰 가치를 만들어낸다는 뜻입니다.

나의 생각메모

잠깐! 스스로 생각해봐!

■ 대한민국은 변동 환율 제도 국가입니다. 따라서 시시각각 환율이 달라지지요. 바로 지금, 주요 국가의 화폐와 우리나라 원화의 환율을 검색해 적어보아요.

잠깐! 스스로 생각해봐!

■ 세계 주요 국가들의 '국민총소득(GNI)'과 '1인당 국민총소득'을 비교해보아요. 그리고 우리 나라의 시대별 국민총소득과 1인당 국민총소득도 알아보아요.

개념어로 말해봐
정치·경제

초판 발행   2024년 12월 07일
초판 인쇄   2024년 12월 12일

지은이   콘텐츠랩
펴낸이   김태헌
펴낸곳   핑크물고기

주소   경기도 고양시 일산서구 대산로 53
출판등록   2021년 3월 11일 제2021-000062호
전화   031-911-3416
팩스   031-911-3417